故旧哀傷

私が
出会った
人々

中村稔

青土社

故旧哀傷

目次

故旧哀傷　私が出会った人々

萩原雄二郎

二〇一五年一月二八日、萩原雄二郎が他界した。一九四四年四月、旧制一高文科に入学して以来、七〇年に及ぶ交友であった。寂しさに胸がしめつけられるような感がつよい。

＊

萩原は栃木県大田原の出身であった。しばらく前、萩原に「那須国造碑《なすのくにのみやつこのひ》」は大田原の人は大事にしていないようだね、と話しかけたことがあった。萩原は、何、そんなものは知らない、とかなり素っ気なく答えた。私は話の接ぎ穂がなくなって困惑した。それからしばらくしてまた、萩原に出会った。そのとき、彼は、きみが話していたのは国造《こくぞう》さんのことじゃないのか、国造《こくぞう》さんなら子供のときから始終遊びに行っていた、と言った。ああ、そうだよ、那須国造碑は大田原では国造《こくぞう》さんというのか、と私は答え、那須国造碑が大田原の人々にとっては、それほどに身近な存在であることを意外に感じ、大田原という土地はそんな風土なのだと認識した。

知られるとおり、那須国造碑は、現在は大田原市に編入された、栃木県旧那須郡湯津上村に所在する、日本三大古碑の一である。他の二碑は宮城県多賀城市所在の多賀城碑と高崎市吉井町所在の多胡碑である。那須国造碑は天武天皇が崩御した六八六年から一四年後の七〇〇年に建立されている。一四七・三センチメートルに及ぶ巨大な石碑であり、花崗岩の碑身と笠石から成り、碑身には一行一九字、八行、一五二字が刻されている。蒼古たる文字の意味は、那須国造で追大壱の那須直《なすのあたい》韋提は那須評督に任じられたので、その子が父親を顕彰するために建立した、ということのようである。

いずれにせよ、この那須国造碑は一六七六年に発見され、水戸藩の領地だったので、水戸光圀が保護を命じ、調査させ、笠石神社を創建したと伝えられる。

陸奥国の国府があった多賀城は七二四年に築城され、多賀城碑は七六二年に多賀城の入口に建てられた、という。これも高さ一九六センチといわれる巨大な花崗砂岩の碑である。多賀城碑は壺碑《つぼのいしぶみ》として知られていた。芭蕉『おくのほそ道』に次の記述がある。

「壺碑は、高さ六尺余《あまり》、横三尺ばかりか。苔を穿ちて、文字かすかなり。四維《しゆい》国界の数里を記す。「この城、神亀《じんき》元年、按察《あぜち》使鎮守府将軍大野朝臣東人《あづまひと》の置くところなり。天《てん》平宝字《ぴょうほうじ》六年、参議東海東山節度使《とうかいとうさんのせつどし》同じく将軍恵美朝臣朝獦《あさかり》の修造なり。十二日朔日」とあり、聖武皇帝の御時に当れり。昔より詠《よ》み置ける歌枕、多く語り伝ふといへども、山崩れ川流れて道あらたまり、石は埋れて土にかくれ、木は老いて若木にかはれば、時移り代《よ》変じて、その跡たしかならぬことのみを、ここに至りて疑ひなき千載の記念《かたみ》、いま眼前に古人の心を閲《けみ》す。行脚の一徳、存命の悦び、羇旅の労を忘れて、泪も落つるばかりなり」。
芭蕉は碑に「泪も落つるばかり」と感動したが、歌枕として知られた壺碑は多賀城碑ではなく、青森県上北郡坪村にあったといわれ、多賀城碑とは異なる。これは芭蕉の誤解であったのかもしれない。なお、『おくのほそ道』にいう神亀元年は七二四年、天平宝字六年は七六二年である（引用は『新潮日本古典集成』による）。

第三の多胡碑は七一一（和銅四）年、多胡郡が設置されたことの記念碑である。

これら三古碑の中、多胡碑は国の特別史跡に指定されており、多賀城碑は国の重要文化財に指定されているが、那須国造碑は国宝に指定されている。それ故、那須国造碑は、世界文化遺産に指定された富岡製糸場などとは比較にならぬほど貴重な史跡であり、大田原の人々にとって大いに誇りにしていいはずである。

四、五〇年前、亡妻が健在だったころ、ドライブが好きであった亡妻にうながされるままに、私は関東一円、興味のありそうな場所を見物した。ある日、那須国造碑を見ておきたいと思いつき、那珂川に沿ってドライブした。探しあぐねた末に、那須国造碑に辿りついた。笠石神社とあり、そのご神体が那須国造碑であった。参道とは思えぬほどの短い参道の奥に那須国造碑が立っていた。那須国造碑が発見され、笠石神社が建立された由来を記した掲示板が立っていた。その参道の右側にささやかな建物があり、それが社務所兼神主の住居であった。村の鎮守といったらふさわしいような、みすぼらしい神社であった。国宝をご神体として祀っているとは思われぬほどにささやかで、質素であった。しいていえば、掃ききよめられ、清楚であった。

私が萩原雄二郎に那須国造碑について訊ねたのは、その訪問の記憶があったからであり、大田原出身の彼が那須国造碑を知らないことが意外であった。しかし、彼は知らないわけではなかった。国造《こくぞう》さんといって親しんでいたのであった。萩原に限らず、大田原の人々は、たぶん「国宝」といった権威に敬意を払っていなかった。しかし、村の鎮守様を大事にするような気分で、素朴に愛していた。

そんな那須国造碑に対する大田原の人々の心情を思うにつけて、私は萩原雄二郎の風貌を思いだす。彼は鼻筋がとおった、端正な顔立ちであった。中背というよりは背が高く、痩せぎすであった。彼は粗野ではなかったが、都会人風に垢ぬけてはいなかった。彼は野卑ではなかったが、大田原から出てきたままの朴直、真率な姿勢を生涯もち続けていたようにみえる。権威におもねらない、というよりも、権威を嫌悪した。純真、素朴な態度で、自分をかざることがなかった。彼は那須国造碑を国造《こくぞう》さんとよぶような率直さで生涯、人と接し続けた。私は彼を嫌った人がいるとは想像できない。むしろ彼を知る誰からも愛され、あるいは慕われていたにちがいない、と私は信じている。

＊

彼は大学時代、一年ほど結核療養所で療養したはずである。そのため、私より一年遅れて、一九五一年に東大法学部を卒業し、富永物産という商事会社に入社したが、富永物産が倒産したため、まだ発足して間もなかった日本航空に入社した。

萩原と私は旧制一高で三年間同級生であり、敗戦の前後の三年間、同じ寄宿寮で生活したが、一高時代、それほど親しいつきあいではなかった。彼は文科端艇部に属し、私は国文学会に属していたので、どちらかといえば彼は運動部肌であり、私は文字どおり文弱、怠惰であったから、肌合いが違うように感じていたものの、三年間文科一類の同級、同じ寮で生活したのだから、たがいによく知り合っていたが、共通の話題もないまま、卒業したように憶えている。旧制一高を卒業してからはますます交際がなくなった。療養所を出てからも、かなり苦労したらしい。敗戦直後、東京に住居がある者は別として、生家がよほど裕福でない限り、地方出身の誰もが苦学をしいられたものの、萩原はかなり良い成績で大学を卒業したようである。

私が彼と親しくなったのは、むしろ彼が日本航空に入社してからであった。四〇代から六〇代まで、私はずいぶん海外旅行の機会があった。仕事上、止むをえない、緊急の、ごく短期間の旅行が多かった。日本航空を使うことが多かったので、萩原に何かと世話になった。私が一方的に彼の世話になり、彼に厄介をかけることをつうじて、私は彼と親しくなったのである。彼を頼りにすることは、他の誰を頼りにするよりも気やすかった。それだけ、彼はいつも心が暖く、心を開いていた。

萩原が脚光を浴びたのは、一九七三年七月二〇日パリ発アンカレッジ経由東京行の日本航空機が丸岡修ら「被占領地の息子たち」と称するＰＦＬＰと日本赤軍との混成部隊にハイジャックされた事件が発生したときであった。萩原は当時日本航空の広報室長であった。ハイジャックされた日航機はアラブ首長国連邦のドバイ空港に着陸した。上着をつけず、ワイシャツ姿で、袖をまくった萩原が記者発表している様子が再三再四テレビ画面に映しだされた。いまでこそ、ドバイ国際空港は世界一の規模のターミナル・ビルをもつ空港として知られているが、当時はドバイという地名さえ、私たちにはまったく馴染みがなかった。萩原はドバイとはどういう国のどういう都市か、といった質問をうけた。

「申し訳ありませんが、目下調査中です」

といった回答をくりかえしていた。ひどい栃木訛りであった。東京生活も長いから、ふだん訛りが気になるようなことはなかったが、高度に緊張していたので、お国訛りがそっくり出てしまうようであった。それに、彼の東京育ちでない、垢ぬけしない風貌が、むしろマスメディアの人々に好感をもたれたようであった。彼が率直、正直に事態に対応しているという印象を与えたようであった。日本航空ともあろう会社が、ドバイ、という地名をはじめて聞いた、とは何事か、といった非難はまったく記事・報道にあらわれなかった。

ただ、当時、同時にテレビを観ていた次女は、萩原がマスメディアの人々にふかい印象を与えたのは彼の語学力のせいもあるのではないか、という。次から次に手渡される英文の通信文を、萩原は右から左に辞書をまったく参照することなしに、すらすらと日本語に翻訳していた。その語学力がマスメディアの記者の人々を驚嘆させ、萩原に敬意を抱かせたのだという。大田原中学から一高に合格するのは、おそらく数年に一人といった程度のはずだから、彼はごく限られた秀才だった。一高の同級生としての萩原が語学力に秀でていると感じたことはなかったが、このドバイのハイジャック事件で萩原は日本航空の社内外から注目される存在になったのではないか。

萩原は四七歳か四八歳か、最年少で役員になったと聞いているが、役員選任はこのハイジャック事件から間もない時期であったはずである。

*

萩原の生活を一変させたのは一九八五（昭和六〇）年八月一二日の御巣鷹山事故であった。羽田発伊丹行のJAL123便のジャンボジェット機が群馬県の御巣鷹山に衝突して、五二〇名の方々が犠牲となった。これほど厖大な数の死者を出した航空機事故は、単独航空機事故としては空前であり、その後もない、と聞いている。この当時、萩原雄二郎は専務取締役であった。

私にはこの事故の原因等について語ることのできる知識はない。そこで、手許の北村行孝・鶴岡憲一『日航機事故の謎は解けたか　御巣鷹山墜落事故の全貌』（花伝社刊）から抄出してみる。

「そもそもの発端は、事故機（登録番号ＪＡ８１１９）が１２３便として御巣鷹の尾根に墜落する約7年前、１９７８年６月２日に大阪国際空港に着陸する際に機体後部を滑走路に擦り付けてしまう、いわゆる「尻もち事故」（負傷者25人）を起こしたことだった。機体後部を損傷したものの、飛行自体は可能で、羽田空港に戻された後、本格修理を受けることとなった。

自前で修理できるような規模ではなかったため、日本航空は製造会社のボーイングに修理を委託、アメリカから同社の技術員や検査員ら40人以上が来日し、羽田の日本整備工場で６月17日から７月11日まで、１か月近くかけて修理が行われた」。

「尻もち事故後の修理では、ドーム状（直径約４・５ｍ）をしたアルミ合金製の圧力隔壁の下半分に損傷が目立ったため、上半分は既存のものを使い、下半分を新しいものに取り換えることになった。隔壁板の肉厚は上半分が０・８ミリ、下半分が０・９ミリと極めて薄い。下半分がやや厚いのは、腐食の影響を受けやすいために、少しゆとりをもたせるためだった。この上下の隔壁板のヘリの重なる部分に2列に並ぶリベットを打ってつなげば元通りのドーム状になるわけだった。ところが、一部で長さ91センチにわたって重なり合う部分（マッジマージン）が不足していることがわかった。

重なりの幅が狭すぎて、2列のリベットが打てないのだ。このため、別の板を用意して、重なり不足の部分に挟み込めば、2列と同様の効果を持たせたつなぎ方が出来る。そのことは、ボーイングの技術員が作成した修理指示書に書かれており、この通りの修理が行われれば問題はなかった。

ところが現場の修理作業員は、こともあろうに1板のはずの挟み板（接合板）を2枚に切り分けてつないでしまったために、つなぎ効果が1列打ちのリベットと同じになって、接続強度が落ちてしまった。事故調査報告書は、1列つなぎの場合、2列リベットつなぎに比べて、接続強度は76％程度に落ちると記している。

本来は1枚板でつながなければならない修理箇所をなぜ2枚にしてしまったのか。その理由について事故調査委は、ことあるごとにボーイング社に口頭や文書で質問し、修理担当者に話を聞かせるよう要請したが、いずれも明快な答えは得られずに終わっている」。

「事故原因は何だったのか。後部圧力隔壁で修理ミスを犯してしまい、修理終了時の検査でそのことを発見できなかったことが第一とすれば、次にくるのがその後の飛行で徐々に進んでいった疲労亀裂をなぜ発見できなかったかという点であった。（中略）修理ミスはボーイング社にとっての問題としても、その後何度も行われた定期点検で、進展していた亀裂に日本航空が気付いていれば、事故は未然に防げたはずであった。（中略）もし、発見できる確率が高ければ、「それなのになぜ見つけられなかったのか」と日航の責任が重くなる。一方、発見できる確率が低ければ日航の責任は軽くなり、修理ミスをしたボーイングの責任が相対的に高くなる」。

「圧力隔壁を整備員が目で見て調べる項目が含まれているのは、飛行3000時間ごとに行われる「C整備」と呼ばれる重整備の一種だ」。

「尻もち事故による1978年の修理後、事故が起きるまでの間に6回のC整備が行われ、その最後となったのが、事故前年の1984年11月から12月にかけて行われたものだった。過去のC整備時にくらべて亀裂が一番進んでいたはずのこの段階で、はたして整備員が亀裂を見つけることが出来たのか。報告書本文では、発見確率に「14％～60％」と計算されたと記した上で、「（修理ミスがあった問題の）接続部の疲労亀裂の発見が可能か否かについて明らかにできなかった」とあっさり記した」。

右のように記した上で、同書は「当時の関係者によると当初の計算では11％強との値が出た」と記し、「上限でも60％という数値は、実は、「発見できなかった」と結論付けることも可能な値であった」とも記し、この結論には事故調査委員会の〝政治判断〟があったことを窺わせる、ともつけ加えている。

同書は事故調査委員会の調査報告を右のように紹介し、この報告書で解明されていない多くの「謎」にふれているが、私の関心は技術的な謎解きにあるわけではない。この事故の結果、日本航空の当時の社長、副社長、会長、三人の専務取締役が辞職した。萩原雄二郎はその辞職した専務取締役の一人であり、萩原と同じく一九四四年旧制一高の文科に入学し、私たちと同級であった橋爪孝之も、同じく専務取締役であり、同様に辞職した。このように純粋に技術的原因による事故について技術面の担当でない経営者はどんな責任を負うのか、に私は関心をもっている。そのために、その事故原因の通説と思われる事故調査委員会の報告による見解を確認したにすぎない。

たとえば計理に不正があったばあいであれば、不正が計理部長単独の行為であっても、計理担当役員は監督責任を免れないことが多いだろう。会社ぐるみの不正であれば社長にも責任があるだろう。法律上の責任だけでなく、社会的、道義的責任を企業の経営者が負わなければならないばあいがありうる。

　この事故のばあい、厖大な犠牲者の数からみて、日本航空としては犠牲者に哀悼の意をあらわすことが社会的、道義的責任を果たすことであったろう。そのために経営者は辞職するのが当然だったとしても、社長はともかく、萩原たちまでが辞職しなければならなかったのだろうか。

　ある問題が生じたばあい、経営者に法律内責任を問うことができないとき、社会的道義的責任と称して、社会的制裁を求める風潮があるのではないか。私はそういうわが国の社会的風潮を大衆迎合的ポピュリズムとして嫌悪している。そんな考えから、私は萩原と彼の辞職について話し合ったことがある。

　問題のＪＡＬ１２３便の乗客には関西の乗客が多かった。大阪府が一九四名、兵庫県が一〇五名、奈良県が一六名、滋賀県、和歌山県がそれぞれ六名、関西圏の合計が三三〇名という。萩原は大阪に派遣され、伊丹空港前のホテルに泊りこみ、毎日、日航機で輸送されてくる被害者の柩を出迎えた。柩に納められた被害者は誰も彼も見るにたえない惨状であった。柩を被害者の住居に届けた。お焼香を、と言うと断られることが多かった。柩をうけとると、日航の人は顔も見たくないから、早く帰ってくれと言われることもしばしばであった。喜んで柩をうけとってくれる遺族など一人もいなかった。つらい役目であった。しかし、萩原は遺族の感情をひしひしと納得していた。毎日、毎日が苦しい日々だった、と彼は言った。あんな悲しい思いをあれだけ多くの遺族にさせながら、専務でおさまっているなんてことができるもんじゃない、と萩原は言った。

＊

二〇〇〇年九月二日、私はある新聞の「あすへの話題」というコラムに「ある定年後」と題する文章を寄稿した。全文次のとおりである。

「旧い友人H君は大会社の専務を務めていたが、ある事件のため首脳陣の一人として引責辞職し、それでも子会社の閑職に就いた。その後、何回かドイツへ出かけ、ゲーテ・インスティテュートでドイツ語を勉強してきた、と聞いた。ほとんどが二十歳前後の若い男女にまじって老人が生活する苦労をむしろたのしみ、その後もドイツ語の勉強を続けている。現役を退いてなお旺盛な向学心は、怠惰な私には驚異というほかない。

その彼から数ヵ月前転居通知をうけとった。東京に仕事がなくなったので、郷里に近い北関東の高原に定住することにしたという。近くに行くついでがあったので、彼の新居を訪ねてみた。敷地約千平方メートルの林の中の夫婦二人だけの新居は、海外生活が長かったせいでもあろうが、欧米水準の広壮な邸宅であった。ひろびろした居間、三寝室、日本間、最新設備の厨房と食堂、夫婦各自の仕事部屋、屋内はすべてバリアフリーである。

夏は涼しいし、近くの小川に蛍もとぶ。車で十分ほどのゴルフ場の費用も安いが、物価もそうじて安い。インターネットで囲碁をし、一日一万歩歩き、チンゲンサイ等の小さな菜園を作っている。毎朝NHK衛星第一放送のドイツテレビ局のニュースを聞き、会社勤めの間は読む暇のなかった古典を読もうと思っている、という。

財政的基盤が必要にちがいないが、いかにも閑雅で充実した生活である。私は都会の猥雑さが好きだし、社会から孤立して生活できるとは思われない。しかし、新幹線や高速道路網の整備、インターネットの発達等により、社会から孤立することなく、本人の心掛け次第でこんな生活も可能なのであった。「花はありて年寄りとみゆる」、「秘すれば花なり」という風姿花伝の言葉にあやかっていえば、ひそかに身にあった「花」を育てることが美しい晩年のための秘訣かもしれない」。

文中のH君はもちろん萩原である。新居を定めたのは那須町高久乙の何番地とかいう土地であった。海抜九〇〇メートルほどだと聞いたことがある。松尾芭蕉が「おくのほそ

道」の旅で那須の殺生石を訪ねる前に泊った庄屋高久角左衛門方で

落くるやたかくの宿の時鳥

という句を詠んだと曾良の書留に記されているから、萩原の新居のあたりも当時は庄屋高久角左衛門の所有地か支配地であったにちがいない。

萩原は転居したとはいえ、それまで住んでいた築地の魚河岸に近いマンションの住居を処分したわけではなかった。用事があるときは、上京し築地で何日かを過す、といった生活だったようである。

考えてみれば、私が萩原ともっとも頻繁に交際し、会話したのは、彼が那須に転居してからの十余年だったかもしれない。私も亡妻も昔から那須が好きで、年に二、三回、数日ずつ那須に遊んでいる。亡妻は彼が那須に転居する前に死去したが、いまは私の面倒をみてくれている次女が同行する。私たちが那須に行くたび、私は萩原と何時間かお喋りし、彼は板室温泉に近い炉端焼の岩魚料理屋に案内してくれたり、観光客の知らない林の中のイタリー料理屋、そば屋に案内してくれたり、パン屋を教えてくれた。後くされがないよう、勘定はワリカンと決めていた。

お喋りの話題はとりとめなかった。国内、海外の経済、政治情勢から、一高時代の旧友たちの動静など。目立つことは萩原の官僚嫌い、ことに運輸官僚嫌いであった。その点では私も同感であった。四〇代から五〇代、私は年に数回仕事のためヨーロッパ、アメリカに旅行した。夜の八時、九時ころ成田を出発し、ヨーロッパに朝早く到着する便を利用するときは、私は京成電車を利用したので、池の端の藪蕎麦で軽く夕食をとり、夜の一一時前後にサービスされる機内の夕食は辞退して睡眠をとることにしていた。京成電車は成田空港の構内に乗り入れられなかった。構外で下車し、バスでターミナルビルに行かなければならなかった。京成電車がターミナルビルに乗り入れられるようになったのは、JRが乗り入れられるようになったときであった。運輸行政は、旅客の便利を犠牲にし、JRとの関係で京成電鉄を不当不公正に取り扱っていたのである。私はこうした運輸官僚は国賊に近いと考えている。萩原は私がそうした憤慨を洩らしてもほとんど相手にしなかった。彼からみると、そうした不当、不公正な行政行為は運輸官僚が日常的にしていることで、一々をあげつらうほどのことでない、ということであった。

彼は、ことに転居して後の数年間、那須の生活を享受していた。彼ら夫婦には子がなかった。公民館の脇を通りすぎたとき、碁盤を一〇面、その数だけの碁石を寄贈し、同好会を組織した、と話していた。家から五分ないし一〇分の距離に五、六のゴルフ場がある。大田原育ちだから、友人・知己・親戚も多いし、東京から遊びがてらゴルフをしたり、囲碁をうったりするために訪れる、かつての同僚も少なくないようであった。噂によれば、囲碁はアマチュアの五段といったほどであり、ゴルフはそれほどの技量ではなかったようである。

萩原について感心したのは友情に篤いことであった。すでに記したように彼は一高時代文科端艇部に属していた。ボートはエイトという八人で漕ぐ。コックスが号令をかけるけれども、八人の呼吸が合わなければ、ボートは速やかに進まない。どうしても八人が呼吸を合わせるためには、よほど友情が濃密にならざるをえないのかもしれない。四、五年前、萩原が文端（文科端艇部）の仲間の墓参りに行ったと言っていた。四、五人、健在の者が集まって物故した仲間四、五人の墓を詣でたのだという。私のばあい、同室だった中野徹雄・大西守彦・橋本和雄・いいだもも・太田一郎らとずいぶん生前親しかったつもりだが、彼らの墓がどこにあるかも知らない。萩原たちの間の友情が篤いというより、たがいの人間的信頼関係の絆がつよいのだ、というべきかもしれない。

考えてみると、私が萩原の友人でいられたことがふしぎである。私はゴルフもしないし、囲碁もしない。萩原は酒豪ではなかったが、かなり酒が好きであった。私はほとんど酒を嗜まない。私の側からみて彼の人格がどれほど好ましいか、はこれまで書いてきたところから判然とするだろうが、萩原の側からみて私はどうだったのか。おそらく、一九四四年四月、旧制一高の文科に入学した者の間の人間的信頼関係ともいうべきものがあったのではないか。私たちは文科生に徴兵猶予がなくなっていたので、間もなく徴兵され、敗戦必至とみられていた戦争で死ぬにちがいないと覚悟して入学していた。

＊

二、三年前、那須の公民館の前を通ったとき、囲碁の同好会はどうなってるの、と訊いたところ、会員が死んだり、病気になったり、だんだん少なくなって、もう成り立たなくなった、ということであった。

ゴルフはどうなの、と訊くと、いまはほとんどしていない、東京から遊びに来る友達もほとんどいなくなったし、土地の知り合いもみなめっきり弱ってしまった、と言う。後期高齢者ともなれば、年々歳々、知己は他界していくし、他界しないまでも認知症等の病気を得て、寝たきりになる者が多い。

本人自身も、自動車の運転が不安になると、ゴルフ場行はもちろん、ちょっとした買物もできなくなるし、家庭菜園を維持するのにも体力、気力が必要だから、いまは菜園も見捨てられた状態に近い。

かつて「ある定年後」という小文を寄稿したとき、私は人それぞれの気持の持ち方次第で充実した晩年が送れるように考えていた。しかし、美しく充実した晩年も、心を開いて話し合うことのできる友人・知己なしには、成り立たないし、健康も必須であり、やがて他界する日が近いことを日々自覚することとならざるをえない。私が「ある定年後」に書いた充実した晩年も結局は夢想だったようにみえる。

私はいま萩原のいくぶん前かがみの気どらない歩き方を思いだす。彼の栃木訛りを思いだす。秋風落莫、蕭条たる気分につつまれている。

大西守彦

一九八二（昭和五七）年一月一〇日、大西守彦は自死した。彼は三井物産に勤めていた。彼が自死したのは定年退職の日の数日前であった。

これまでの生涯、私は大西守彦ほど明敏で、要領が良く、しかも実行力に富んでいた人物に出会ったことはない。

＊

私は一九四四（昭和一九）年三月、東京都立五中を卒業し、同年四月、旧制一高の文科に入学した。大西守彦は同時に旧制一高の文科に入学した同級生であった。

一高は全寮制だったから、どこかの部に属し、その部が占めている部屋で生活することとなった。文科・理科の端艇部、陸上運動部等の体育会系の部もあり、弁論部等の文化系の部もあり、また、どんな部にも所属したくない寮生のための一般部屋と称する部屋もあった。大西も私も国文学会と称する国文学・能・歌舞伎などを愛好する人々が組織していた部に所属し、国文学会が占めていた明寮一六番という部屋で、四六時中生活を共にすることになった。

一九四四年四月に文科に入学を許可された学生は六〇名ほどであった。理科には二百数十名が入学を許可された。前年一九四三年一一月、それまで大学高専の学生に認められていた徴兵猶予は、文科の学生について廃止され、明治神宮外苑競技場でいわゆる学徒出陣の壮行式が雨中挙行された。本来徴兵年齢は満二〇歳であったが、すでに一九歳にひき下げられていた。徴兵検査の結果、甲種合格と判定された者だけが徴兵されるのが原則であったが、そのころは第一乙種、第二乙種、第三乙種と判定された者も徴兵されることとなっていた。丙種、丁種と判定され、不合格になるのは身体に障害のある青年に限られていた。文科を受験した者は学業半ばで徴兵されることを覚悟していた者たちだけであった。すでに敗色濃厚であったから、文科を選ぶ限り、二〇歳まで生きることはあるまいと感じていた。

それ故、頭脳柔軟、理科でも文科でも、どんな試験課目にも対応できる秀才たちは理科を受験した。私たちのように文科を受験したのは、物理化学が不得手だった者や何としても理科に学習意欲をもつことができない者ばかりであった。事実、私たちの在学中、櫛の歯を引くように、同級生は順次徴兵された。敗戦時、入学当時の同級生はほぼ半数になっていた。

敗戦後、それまでの理科の学生が文科に転科することが認められ、どっと文科に転科し、また、相当数の文科生が召集解除されて学校に戻ってきた。その結果、文科・理科の学生はほぼ同数になった。

そんな状況だったから、私たち、一九四四年四月に文科に入学した同級生は、たがいに格別の親近感、連帯感をもっている。前章で回想した萩原雄二郎もその一人である。

*

国文学会は中村真一郎さんらが在学中に創設した会であった。そのため、中村真一郎・加藤周一・福永武彦・白井健三郎・窪田啓作といった、戦後マチネ・ポエティクとして知られることとなった一群の人々は入学時からごく親しい名であった。先輩には、大野晋・

小山弘志・宗左近という筆名で知られることとなった古賀照一といった人々がいた。入学後、輪講とよんだ勉強会があり、花伝書の輪講は小山弘志さんが、万葉集の輪講は大野晋さんが、中村真一郎さんとともに、指導に来てくださった。小山さんも大野さんも当時大学院の学生であった。入寮してすぐ、ここでは上級生を「さん」づけで呼ばない、呼びすてにするように、と注意された。学問的にも恵まれ、しかも、自由で開放的な雰囲気であった。

同級生では中野徹雄・大西守彦・橋本和雄が私と同時に国文学会に入会、同室で生活することになった。一年上級には築島裕・今道友信・木村正中・森清武・喜多迅鷹といった人々が生活していた。三年生にはいいだもも・太田一郎が同室であった。

たぶん入学、入寮して間もなく、新入生歓迎の茶話会といった席上、新入生が自己紹介した。そのとき、大西が、自分は、昼間は内務省に給仕として勤め、都立五中の夜間部に通って、三月に卒業したばかりだ、と話した。夜間部は、戦後、定時制と称することになったのかもしれない。夜間部のばあい、四年修了見込みでは高校受験の資格がない。五年修了見込みではじめて受験資格が与えられる。大西は受験資格が認められるとすぐ受験し、浪人することなく、すぐ合格し、入学したのであった。

ちなみに、中野徹雄・橋本和雄は東京都立一中の出身、ともに四年修了時にも一高を受験して不合格となり、翌年春に合格、入学した。私も都立五中の四年修了時に受験して失敗し、一九四四年に合格したのであった。私たちをふくめ、同室した国文学会の学生で、大西のように苦学した経験のある者はいなかった。

ところで、私が入学した当時は東京府立五中と称し、在学中、都立五中と改称、戦後は新制高校として小石川高校となった学校の卒業生が、紫友同窓会という組織を作っている。先日、紫友同窓会名簿を見ていたところ、夜間部の卒業生は名簿に記載されていないことに気付いた。夜間部の卒業生は正規の卒業生とみなしていないのであろう。しかし、大西が卒業したとおり、夜間部は、正式の名称が何であれ、都立五中の夜間部にちがいなかったし、五年修了見込み時に高校受験資格が与えられたのだから、都立五中の一部であったことは間違いない。同窓会には夜間部の卒業生に対する差別意識があるのではないか。ことに大西守彦のように、困窮にたえ、苦学して進学した卒業生も多いにちがいないのだから、こうした差別意識は不快きわまる。

大西は境遇に恵まれなかった。一高に入学して以後、どのように生活費を稼いでいたのか。学費、寮費はどう工面していたのか。私は大西に訊ねたことがない。私に関心がなかったのか、訊ねることは失礼だと感じたのか、私に記憶はない。家庭教師をしていたのかもしれないが、彼が家庭教師に出かけるのを見た憶えもない。ただ、一高では、学費、寮費を滞納してもやかましく催促することはなかったから、何とかしていたのであろう。それにしても、大西の家庭はどうして困窮していたのか。そのことを訊ねたこともない。むしろ、誰がどういう境遇なのか。大西に限らず、誰についても関心をもたなかったように思われる。むしろ一高教養主義による精神的煩悶に私たちは多忙だったのではないか、と思われる。

＊

大西は背が低かった。そのためか、何となく肩肘張っているようにみえた。それに意地っぱりであった。もちろん、よほど意地がつよくなければ、内務省の給仕をしながら、一高の入試に合格できるような勉強ができるはずがないのだが、どんな事態に直面しても、たじろぐことがなかった。困難に出会っても平然とうけながしていた。それが虚勢をはっているようにみえることがあった。逆に、そうした姿勢が彼に暗い翳を感じさせた。

＊

旧制一高の寄宿寮は四棟あった。南から北に、南寮、中寮、北寮、明寮と並んでいた。もっとも南の南寮は低地だったため、もっとも暗く、陰湿であり、明寮がもっとも明るく、日差しがよかった。通常は通路の南側に自習室、北側に寝室があったが、明寮一六番だけは特別で、二階に自習室、三階に寝室があった。どの部屋でも十数人が生活していた。

私が入学した当時、扉を開けると、左手に二列机が並んでいた。中野・私・大西・橋本の席が並び、中野の向かいに簗島裕、その隣に木村正中の席があった。今道も同室だったはずだが、どこに席があったかは憶えていない。私たちの席とはカギ状に二列机が並び、私に近い側の列の窓ぎわに太田一郎が、その手前にいいだももの席があった。

国文学会といっても、国文学者になったのは当時理科の学生で、後に文科に転科、王朝文学を専攻し、学習院大学の教授をつとめた木村正中だけである。簗島裕は東大で国語学の教鞭をとり、今道友信は美学の教鞭をとった。太田、いいだについては、おそらく別に書くことになるが、太田は結社に属しない歌人として名をなし、いいだは小説家、思想家、極左翼の政治運動家として知られることとなった。

これらの人々が数歩の距離を隔てて暮らしていた。特に大声で話さなくても、大方の会話をたがいに聞きとることができた。誰がいま何を読んでいるかも、何を勉強しているかも、怠惰にのんべんだらりと暮らしているかも、誰がどれだけ几帳面で、誰がどれだけだらしないかも、たがいに隠しようもなく、分かった。たがいの性格、気質から、才能、頭脳の良し悪しまで、手にとるように知られる、そんな生活であった。上級生による下級生のいじめといったものは無縁であった。

考えようによれば、ずいぶんとつらい生活であったが、上級生はもちろん、同級生たちもそれぞれ長所、美点に富んでいたから、むしろ、これ以上望みえないような恵まれた環境であった。

＊

一高では期末試験の後、その結果の成績、席次が掲示された。私たちはこれを番付とよんでいたが、番付の結果、誰が何番ということは公然知られていた。後に大蔵次官、日本銀行総裁となった松下康雄は、私たちより一年早く入学、肺尖カタルのため一年休学し、私たちと同級となっていた。松下と中野徹雄が首位を争っていた。中野についても別に書くつもりだが、聡明で、語学力、形而上学的思考力にすぐれていた。私も大西も、そう良くもなく、そう恥ずかしくもない、といった成績であった。

私の番付がそんな位置にとどまっていられたのは、ひとえに大西のおかげである。私たちは二人とも授業にまともに出席していなかった。寮から教室までの二、三〇〇メートルの距離がひどく遠かった。授業を休んで何をしていたわけでもない。小説でも読んでいればましな方であった。トランプをしたり、とりとめないお喋りをしたり、ごろんと横になったり、いっぱし青春期の「倦怠」をもてあましているような気分であった。ただ、かりに私が真面目に予習・復習し、授業に出席し、ノートをとり、試験前に勉強したとしても、三番以内はおろか五番以内に入ることができたかどうかは大いに疑わしい。私より出来の良い同級生はその程度の数はいたように感じている。

だから、試験前になると、私が頼りとしたのは大西のサブノートであった。試験の直前、大西は真面目に出席してノートをとっている同級生を訪ね、彼のノートからサブノートを作り、不審な箇所は質問し、数十ページのノートを一、二ページのサブノートにまとめ、そのサブノートにもとづいて私に講義してくれた。サブノートは講義の要旨を的確につかみとって、まとめていた。大西は真面目な同級生の作った完全なノートから瞬時に要点を選びぬき、その趣旨を簡潔に書きとめる特異な才能をもっていた。完全なノートの数十行が大西のサブノートの一行になった。その一行の意味するところを大西は私に滔々と説明してくれた。

私は大西の俊敏な頭脳、要領をつかみとる能力の高さに、いつも舌を捲く思いであった。

＊

そういえば、試験の前にはいつも四、五人が築島から講義をうけていた。当時、病弱で欠席がちであった今道友信もその一人であった。番付が発表されると、いつも今道が一番で築島が二番であった。

いいだも太田から試験前になると講義をうけていた。番付は似たりよったりだったのではないかと思うが、確かではない。

＊

大西との会話は愉しかった。彼は反応が早かった。彼は理解力がすぐれていたから、私の言いたいことを即座に理解し、即座に彼の意見を言った。彼と話していると、当意即妙の彼の言葉に私はふりまわされがちであった。

当意即妙といえば、『私の昭和史』に書いたことだが、一九四五年の一月、陸軍少将の査閲があった。後に竹山道雄教授が書いておいでになるところによれば、一高の反軍的ないし非軍国主義的・自由主義的傾向が陸軍で問題とされ、一高は廃校されるかどうかの危機にあったという。その決断のための査閲であった。竹山教授はもちろん、安倍能成校長以下の配慮で、私たちは私たちなりに寮を清掃し、査閲官に対し規律正しく応待するよう、つとめた。私たちが整列している前を点検しながら歩いていた少将が、突然、大西の前で立ちどまり、大西に向かって「戦争は勝つと思うか、敗けると思うか」と質問した。大西に質問したのは偶然であった。私たちの間では敗戦必至ということが常識であった。「敗けると思います」と答えれば、非国民として、それこそ一高は廃校に追いこまれるかもしれなかった。逆に「勝つと思います」とはあまりに白々しい回答であった。大西は突嗟に、「勝たねばならぬと思います」と答えた。考えられる限り、唯一の最善の回答であった。全寮生の間でこの回答は評判になったが、これは大西の頭脳の俊敏さのあらわれであった。

大西の実行力が示されたのは一九四六年六月二二日付で復刊された『向陵時報』の刊行であった。

＊

一高は自治制だったから、寮の事業はすべて学生から選ばれた委員によって行われていた。一九四六年三月、大西は研修委員に選ばれた。研修委員は文化的行事を担当していた。ちなみに委員には委員長・副委員長・風紀点検委員・食事部委員・会計委員などが指名されていた。

戦前、一高には『文藝部雑誌』と『向陵時報』とが刊行されていた。戦争中『護国会雑誌』と改題された『文藝部雑誌』は数年前復刻版が刊行された。この事実に示されているとおり、わが国の近代文学史上一定の意義をもつと評価されている。『文藝部雑誌』は論説・評論・小説等を掲載していたが、『向陵時報』は、各部の活動の状況など寮の時事報道を一面に収め、その他、論説、文芸欄などを設けていた。大西が独力で刊行した『向陵時報』は、戦争中、休刊を余儀なくされていたので、その復刊号だが、天野貞祐校長の「就任の言葉」、吉田耕三委員長の「紀念祭に寄す」、総代会議長持田武一の「総代会出発の辞」などの挨拶の他、「初の緊急総代会」「茶菓部より」といった記事を一面に、中野徹雄訳エミール・ブルンナア「信仰について」、中村重康の論文「クラフト液分析用の新電導度測定」を二面に、第五七回紀念祭寮歌二篇、宮本治「中原中也の写真像」、私の詩「ある潟の日没」を三面に、網代毅の小説「流刑になった魂」の他、ラグビー部、送球班の試合の記事が四面に掲載されている。

右の中、宮本治「中原中也の写真像」はいいだももが宮本治の筆名で執筆した評論であり、これは戦後はじめて公表された中原中也論であった。私の詩は、たまたま中村光夫さんの目にとまって、中村さんが吉田健一・山本健吉等の諸氏と共に発行した雑誌『批評』に転載され、私が文壇の一部に知られることとなった作品である。

一九四六年一月には岩波書店が『世界』を、筑摩書房が『展望』を創刊していた。三月に研修委員に就任した大西は『向陵時報』の復刊を思いたったようである。用紙も割当制で自由には入手できない、印刷所も心当たりもない中で、僅か三カ月かそこらで、復刊にこぎつけたのであった。

その精力的な実行力は誰も真似できるものではない。会計担当委員と交渉して費用を調達し、原稿集めからレイアウト、印刷所との交渉、校正等まで大西がただ独りでやりとげたことを思うと、ただ感嘆するばかりである。

そういえば、その当時、大西が、「中村、自動車の上から平地を歩いている人間を見ると、人生観が変るな」と呟いていたことを憶えている。そのときは私は聞きながしていたが、いま考えてみると、大西はいわば下積みの生活を送ってきた。印刷所の自動車かトラックに乗って、道路を歩いている人々に、感慨を覚えたのであろう。それは困窮から脱出したいという、上昇志向だったのではないか。貧困に苦しめられていただけに、贅沢に対する欲望が熾烈だったのではないか。私はいま彼の心境をそんなふうに思いやっている。

＊

一九四七年三月、私は一高を卒業し、東大法学部に入学した。大西は卒業しなかった。私たちが一高に在学したのは敗戦をはさむ三年間だったから、まともに勉強できなかった。もう一年、一高に残って勉強したい、と考えて、ことさら卒業せず、原級にとどまる同級生も少なくなかった。大西のばあいは、おそらく、寮を出たら、どう暮らしていくか、その目途が立たなかったからだろう、と私は想像している。下宿を探し、生活費を稼ぎだすための仕事を探し、大学の授業に出席して必要な単位をとる、といったことは、彼にとって不可能に思われたにちがいない。私自身は大学に入学したものの、父の勤務先である水戸で暮らしていて、入学後二年近く本郷に出かけて授業に出ることはなかった。そうした事情もあって、そのころから、大西との交友が極度に疎遠になった。

それでも、大西は私より一年遅れて一高を卒業し、東大に入学、卒業した。その間、どのように生活費や学費を工面し、卒業に必要な単位を取得できたのか、私は知らない。おそらく神業に近い離れ業だったにちがいない。おそらく授業に出席せず、生活費稼ぎに追われ、試験だけを受けて単位をとったのであろう。彼の俊敏で、要領がよく、実行力に富んだ才能が、そんな神業に近いことを可能にしたのだと思われる。

大学を卒業すると富永物産に就職した。前章で記した萩原雄二郎と同じである。富永物産は旧三井物産が財閥解体で解散した後に、旧三井物産に勤めていた人々が設立した多くの商社の一つであったようである。富永物産には私の同級生が七、八人就職した。あるいは一高の縁故があったのかもしれない。

大西が富永物産に勤めていたころ、司法修習生だった私は、一度だけ大西を勤め先に訪ねたことがある。日本橋に近い場所であった。大西は紅花というレストランに私を連れていってくれた。この店の子息がアメリカでベニハナ・オブ・トーキョーというステーキハウスを開店、大いに繁昌したと後に聞いた憶えがある。日本橋に近いレストラン紅花は、サラリーマンが昼食に行くにはかなり高級であった。ふつう、サラリーマンが昼食をとるレストランに比べ、三、四割、値段が高かったはずである。その分だけ、雰囲気も良く、料理も美味しかった。ワリカンで払うというのを大西は承知しなかった。私は大西にご馳走になった。大西は勘定しながら、こんな贅沢ができる気分はこたえられないな、と言った。大西には贅沢に対する渇望といったものがあったのではないか。彼は富永物産に勤めてはじめて生活が安定した。それに給与も良かったらしいし、それ以外にも、何らかのかたちで収入があったのかもしれない。彼は分不相応な贅沢な生活の愉しさを満喫しているようにみえた。

それが大西と会った最後となった。富永物産はやがて倒産し、第二の職場を木下産商に得たが、木下産商もやがて行き詰まり現在の三井物産に吸収合併された。その結果、彼も三井物産の社員となったのだが、どのような地位、役職にいたかは確かでない。あまり出世しなかったことは間違いない。三井物産では旧木下産商の出身で重要な役職に就いた人も多いから、旧木下産商系であったために、不当に差別されたわけではあるまい。会社勤めで昇進するかどうかは、組織に順応する資質が高いかどうかにより、また、上司に恵まれて能力を評価してもらえるかどうかによるように思われる。大西は組織にうまく順応できなかったのではないか。大西を使いこなすことができる上役にめぐりあわなかったのではないか。出世するためには、大西はあまりに個性がつよく、自尊心が高く、独自の能力を発揮する場をもつことができなかったのではないか、と思われる。彼は自死した当時、大手町に新築中であった三井物産ビルの建築を担当していたそうである。課長であったか、部長であったか、どんな役職であったか、私は聞いていないが、それ以上の昇進は望めない、窓ぎわ族的な立場だったようである。

私たちと同級、同室だった橋本和雄は三井生命に入社した。彼は依頼されるままに多くの友人・知己を外務員の女性に紹介した。私もその一人だったし、大西もその一人だったようである。その女性をつうじて、私は友人たちの動静を聞くことが多かった。大西の死も私は橋本に教えられた。

大西が自死したのは定年退職の数日前であった。大西には弁済できない借金があった。定年退職前、在職中であれば、会社が加入している生命保険金が支払われるので、その保険金を借金返済の一部に充てることができた。二〇〇〇万円かそこらの負債だったという。どうしてそれほど負債ができたのか、私には想像できない。私は一高卒業後、まったく疎遠だったから、彼がどんな結婚をし、どんな家庭をもったかも知らない。しかし、彼が家庭を大切にしていたことは疑問の余地がない。負債のために家族が迷惑しないよう、定年の直前に自死したのであった。大西は友人・知己の誰にも負債の始末について相談しなかった。かりに私が用立てることができるのは、五〇〇万円かそこらだな、と思った憶えがある。二〇〇〇万円という負債は友人・知己の好意を頼りにするのには、当時の額として巨額にすぎたであろう。大西の自死は彼なりの意地を通したとみることもできるだろう。

贅沢を渇望したと同じく、彼は浪費を渇望したのかもしれない。些細な金額の負債からはじまって高利の金を借りるようになったのかしれない。しかし僅か二〇〇〇万円かそこらの金額であった。彼はその返済のために、頼りにできる血縁がなかったにせよ、友人・知己の誰も頼りにしなかった。それも彼の意地であったにちがいない。

彼がその才能にふさわしい栄光にみちた出世街道を進んでいたら、こんなことで自死に追いこまれることはなかったろう。結局は彼が育った境遇によるというべきかもしれない。そうはいっても、大西ほどの才能が、何ら私たちの社会に資することなく、むざむざと葬り去られたことを思うと、私は残念でならない。

＊

私は橋本和雄に誘われて弔問のため大西の家を訪ねた。真冬の夜更けであった。三鷹の駅からだいぶ歩いて辿りついた。大西家はしんと静まりかえっていて、暗かった。お悔みを申し上げるのもはばかられるような、沈んだ闇が大西家をとりまいていた。私たちは、いったいどうお悔みを言うべきか、を知らないまま、夫人にお会いし、またとぼとぼと三鷹駅へひきかえした。

当時、橋本は順調に昇進し、三井生命の取締役に選ばれていた。しかし、その年の秋、ジョギング中、蜘蛛膜下出血のため急逝した。橋本の死に関しても私は悲しく、つらい思いをした。それはまた別の悲劇であった。

中村光夫

大西守彦の尽力により一九四六（昭和二一）年六月二一日付で『向陵時報』が復刊され、この復刊号に私の詩「ある潟の日没」を発表したことはすでに大西守彦にふれて記した。この『向陵時報』を中村光夫さんがご覧になり、「ある潟の日没」に目をとめてくださった。

それ以前から、私は当時、江ノ電の稲村ヶ崎の駅を降りて、すぐその上の丘に建っていた中村光夫さんのお宅に何遍かお邪魔し、中村さんにお目にかかっていた。一九四四年、私が一高に入学した年に、三年生だった飯田桃、後のいいだもも の家が芝の大門から片瀬の山上の宏壮な邸宅に転居して以後、いいだは中村さんに師事するようなかたちで、あるいは中村さんを尊敬して、しばしば中村さんをお訪ねしていた。大柄で明るく、容貌のととのった夫人と、驚くほどの美少女だったお嬢さんとご一緒にお住まいであった。いいだは、『文學界』一九四二年一〇月号に掲載された「近代の超克」座談会に出席しながら発言せず、「「近代」への疑惑」と題する評論を寄せて、「日本では「近代」の性格はヨーロッパとまったく違っているから、その「超克」という課題は、まだ文化の現実の日程にのぼり得ない、軽々しくそれを言う前に、我が国の近代の特異な性質を究めるべきだ」といった趣旨を述べていた中村さんに非常に感銘をうけ、尊敬していた。中村さんの仕事中などはお嬢さんの遊び相手になり、お嬢さんは、大きくなったらももさんのお嫁さんになる、などと言うほど、お嬢さんからも気に入られていた。私は敗戦をはさむ数年、いいだに連れられてお訪ねし、中村さんといいだの活潑な会話をただ傍聴するにとどまっていた。だから、『向陵時報』を私がお届けすることも、同じ『向陵時報』に「中原中也の写真像」を発表していたいいだがお届けすることもありえたはずだが、いいだも私もお届けしていなかった。

当時、中村光夫さんを訪ねていた一高生は私たちだけではなかった。戦争中は理科の学生だった、後の日本共産党の副委員長をつとめた上田耕一郎やその友人の猪股利哉（後、岡利哉となり興亜石油ガスという会社の社長をつとめた）なども中村家に出入りしていた。そのことを私は後に知ったのだが、たぶん上田か猪股が『向陵時報』を中村光夫さんにお届けしたにちがいない。そういえば、上田は次号の『向陵時報』に「唯物弁証法に就て」と題する評論を寄稿している。

中村さんから自分たちの雑誌『批評』に載せたいと思うから、詩を持ってくるように、という連絡があった。私が驚喜したことはいうまでもない。私はまだ一九歳であった。手紙でなく、いいだからの言伝だったように憶えている。早速、近作の数篇を持って稲村ヶ崎のお宅をお訪ねした。当時の中村さんはまだ三六、七歳だったが、鬱然たる大家のように私の眼には映っていた。私の作品を手にとって何遍かお読みになり、どうも感心しないねと言った。私は声もなく失望をかみしめていた。やがて、「ある潟の日没」は発表した作品だけれども、『向陵時報』は市販紙でないから、差支えないだろう、ということであった。私は「ある潟の日没」を採用してくださるおつもりだと知り、ほっと安堵した。

それ故、私は『批評』には「ある潟の日没」だけが掲載されたのだと信じていたが、本稿を書くため調べてみると、「ある潟の日没」の他「オモヒデ」も掲載されている。「オモヒデ」は『向陵時報』の次号に発表した作品だから、そのときお示しした作品からも一篇だけ採ってくださったのであった。私は中村さんをいつも厳しい方と思っていたので、誤って記憶していたらしい（なお、「オモヒデ」は横書で『世代』に発表し、平仮名に改めて『無言歌』に収めている）。

これらの詩二篇が掲載された『批評』六〇号は一九四七年四月三〇日付で発行された。表紙に「創元社」とあるが、奥付には、「創元社内批評発行所」が発行所として記されており、「編輯者　中村光夫」、と記されている。

この『批評』には、目次に

いちぢくの葉（詩）　　中原中也
ある潟の日没他一篇（詩）　中村　稔

と私の名が中原と並んで表記されている。中原の「いちぢくの葉」は「いちぢくの、葉が夕空にくろぐろと」とはじまる作品であり、二冊の詩集未収録の遺作中屈指の名作である。また、数多くの未発表遺作が中原には存在したのに、中原の作品が一篇、私の作品が二篇というのは、いかにも破格の扱いである。

この号は「シェイクスピア特輯」で、シェイクスピアに関し、中野好夫・福田恒存・芳賀檀・吉田健一・中村真一郎・加藤周一・西村孝次の諸氏が寄稿、評論として阿部六郎・平野仁啓・山本健吉・福田恒存、書評として河上徹太郎・武田泰淳、文芸時評として中村光夫、創作としてアプレイウス・呉茂一訳、武田泰淳、編輯後記として中村光夫、という名が目次に並んでいる。この雑誌の刊行当時、亡父の勤めの関係で、私は東大法学部に進学したものの、水戸に住んでいた。水戸の書店でこの雑誌を目にし、目次を見たときの昂奮は忘れがたい。これほどの幸運に恵まれる者は稀有であろう。

*

中村光夫さんは怖い方であった。決してつよい口調で物を言わなかったし、むしろ穏やかすぎるほど穏やかであった。しかしその言葉は私の心を抉るように鋭かった。

私が法学部に進学するつもりだとお話ししたとき、中村さんは、きみ、文学は片手間でできることではないよ、と諭すように言った。当時、私が法学部に進学することを決心したのは、必ずしも文学を、詩や小説、評論などを片手間にするつもりではなかった。私は一方では、私に文学で身を立てるほどの才能があるとは思われなかったし、他方では、法学部で法律を学ぶことの方が社会や人間をよりふかく、ひろく、知ることができるのではないか、という幻想をもっていたからであった。

ただ、私の生涯をふりかえってみると、私は弁護士を生業とし、その片手間に詩や評論を書いて過してきた。私は文学的業績によって、ささやかながら虚名を博してきた。しかし、これまで終始、中村さんの警告を忘れたことがない。文学は片手間でできる仕事ではなかった。省みて、私が書いてきた詩や評論がいかに貧しいかは、私も充分承知しているつもりである。

弁護士の仕事も決して片手間でできることではない、ということも半生をふりかえって、私は痛感している。弁護士業務ないし法律の実務の研鑽に専心してきたならば、もうすこしましな弁護士になることができたのではないか、と反省している。私は弁護士としても恵まれた生活を送ってきたが、これはすぐれた先輩、知己、同僚に多くめぐりあった結果にすぎない。

私は文学についても弁護士業務についても中途半端に終ってしまった。たまたま伊達得夫を知り、伊達が詩書出版を手がけることにならなかったなら、また、安東次男と出会うことがなかったら、私は詩を書き続けてきたか、どうか。同じ意味で、中村光夫さんの紹介で大岡昇平さんを知り、大岡さんの助手として中原中也全集の編集に携わることがなかったら、詩人論等に手を染めることになったか、どうか。

私が書いてきた詩や評論はまことに拙く貧しいけれども、それは弁護士の余暇にしたためであって、片手間仕事だったからである。私自身は最近、七〇歳代の後半以後の方が、若干ましな仕事なのではないかと考えている。そのころから、私は週に二日ないし三日しか事務所に出勤しないですますこととなったので、それだけ文学関係の仕事に力を注ぐ余裕ができたのである。私が二〇〇九年に思潮社から刊行した『中原中也私論』はそれまでに私が公表してきた中原中也に関する評論、随想類に比し、はるかに私の理解がふかくなっているのではないか、と自負している。

いずれにしても、こうした中途半端な、弁護士と文学的創作と二股かけた仕事で一生を送ってきたことは、とりかえしのつかない事実であり、悔んだからといってどうなることでもない。

＊

その中原中也だが、私が中原の研究者の一人となったことの契機をつくってくださったのは中村光夫さんであった。

私は一九四九年暮、司法試験に合格、一九五〇年四月から司法修習生としてその課程を履修していた。ある日、中村光夫さんから連絡をいただき、明治大学でお会いした。そのとき、大岡昇平が中原中也全集を編集するのについて助手を探しているが、きみはやってみる気はないか、ということであった。私は喜んでおひきうけした。

大岡さんと中原中也全集については別に書くつもりだが、その後間もなく鎌倉にお住まいだった大岡さんをお訪ねした。中村さんが案内してくださったはずである。一応、最初の打ち合わせがすんで、大岡さんとご一緒に稲村ヶ崎の中村さんのお宅にお邪魔した。

そのとき、中村さんの奥様から手作りのカレーライスをご馳走になった。まだ外食には食券を必要とする時期だったから、中村さんの奥様が苦労して入手なさった米を使ってふるまってくださったのであった。そのとき、大岡さんが、半人前ほどしか召し上がらないで、ぼくは小食だからね、と言っていたのを印象ふかく憶えている。『俘虜記』の中にも、収容所で、飢えている戦友に大岡さんが配給の食事を分けてあげる話がある。中村夫人は立居振舞、会話が活潑で明朗、場に陽光が差しこむような方であった。

先走って書けば、淑子夫人が一九五五年、四〇歳代のはじめに夭折なさるとは、その当時、まったく思いもよらなかった。たしか北鎌倉で葬儀が営まれたように憶えている。帰途、加藤周一さんと矢牧一宏と一緒になった。暑い盛りであった。ちょうど石原慎太郎「太陽の季節」が話題になっていた。私たちは東京駅に着くと、八重洲口の冷房のある喫茶店でしばらく雑談した。私には「太陽の季節」はまるで面白くなかった。加藤さんから、こうした小説が話題となる社会的風俗現象について明晰な分析をお聞きしたが、その詳細は憶えていない。

*

私は中村光夫さんと中原中也について話したことがなかった。中村さんは私が中原の詩の愛読者であることをご存知だったから、大岡さんに私を推薦してくださったのだが、中村さんご自身が中原の詩のすぐれた理解者であり、重大な証言者であることを、私にお話しくださらなかった。すぐれた理解者であったということは『今はむかし　ある文学的回想』中の文章から知ったのであった。

「氏（中原中也―筆者注）がその春、「文学界」に発表した「春日狂想」という詩に僕は感心したので、そのことをいうと、氏は当然というように微笑して、

「僕の詩はみんな筋金がはいっているからな。ぶったって、たたいたって、四十年や五

十年は」

といいます。

「そりゃ、どんな本だって四五十年は保つでしょう」

と少し小面憎くなっていうと、

「君のいうのは、図書館にはあるということだ」

と、こういう問題はもう考え抜いたという風でした。

実際、おれの作品にはおれの命が注ぎこんである。だからそれは生きるに違いないという自負だけが、不幸と孤独のなかで氏を支えていたようでした。

この自負は正しかったのですが、氏の心を安らかにするほど、確固としたものではなかったようです」。

中村さんがどのように「春日狂想」を読んでいたのか。その当時、中村さんはそんな素振りをつゆほども見せなかったので、中村さんのお考えをお聞きする機会を逸してしまった。いまさらだが、残念でならない。

また、中原が『在りし日の歌』の原稿を小林秀雄さんに託したことは、知られた事実だが、そのときの状況について中村さんは貴重な証言を残している。前掲書から引用する。

「九月のある晩、僕が小林氏の書斎にいると、中原氏がひょっこり紙包みをかかえて姿を現わしました。小林氏の書斎は、離れ座敷で、そこへ友だちが門から庭づたいにじかにはいってくるのはめずらしいことではありませんが、暗闇のなかから浮かびでた、目の大きな中原氏のやつれた顔にはなにか心をどきりとさせるものがありました。

下駄をぬいであがると氏はすぐにかすれた声で、詩集の草稿を清書したから持ってきたといって、紙包みをといて、分厚い原稿をだしました。表紙に大きく「在りし日の歌」と書いてあるのが、わきにいた僕にも見えました。

小林氏は黙って右手で髪の毛を掻いていました。中原氏はひとりでしゃべりつづけて、詩集などというものは、ひょっとしたきっかけで出版がきまったりするのだから、山口県に持ってかえるより、君のところへおいて行った方が万事好都合だ、よろしくたのむ、出版社の撰択その他は一任するというようなことを、事務的な口調で、だれかに頼まれてきた用事でもとりつぐようにいいます。

小林氏は手短にうけこたえしながら、辛そうな様子でした。旧友の話の内容より、その憔悴した容貌、しわがれた弱々しい声に心をうばわれているように思われました。

奥さんのもってきた渋茶に咽喉をうるおした中原氏は、心にかかっていた用事がひとつ片づいたせいか、少し元気づいて、地方生活に氏がよせている期待をもらしました。県庁か何処かにつとめて、農村の衛生状態を観察して歩くような仕事をすることになるだろうという話でしたが、氏にそんなしかつめらしい役割りがつとまるかしらと聞いている者にも思われるし、氏自身もそれが空想であることが話しているうちにわかってくる様子でした。

座の空気がいつのまにか陰気にしずんでくると、中原氏は立ち上がって暇をつげました。急に足が不自由になったらしく、うしろから見るとびっこをひくのが目立つ氏を、小林氏は下駄をはいて門まで送って行きました。そしてもどってきてしばらく顔を伏せたまま火鉢の灰を火箸でかきならしていました。

中原氏のおいて行った詩集の草稿は、僕らの目の前にありました。しかし帰った客の噂を気軽にするような言葉は、僕らの口からでなかったと記憶します」。

小林さんの中原に対する篤く、つらい友情、会話の間の沈鬱な空気が、そのまま伝わってくるような名文である。私は中原に関連する評論はもとより、回想類に至るまで、ひろく目を通してきたつもりだったが、身近に感じていた中村光夫さんに、これほど心をうつ回想記があることにこれまで気付いていなかった。それにつけても、中原について中村光夫さんとお話しする機会はいくらもあったのに、一言のご意見も証言もお聞きしたことがなかった。これは私の怠惰と責められても致し方ないことである。

＊

じつは『今はむかし　ある文学的回想』には、中原が小林さんに『在りし日の歌』の原稿を託した日の情景だけでなく、中原に「殺すぞ」と言われて、ビール瓶で頭をなぐられた酒席の思い出なども記されているが、次のような中原に対する卓抜な批評と中原の反応をもふくんでいる。

「天才が凡人どもの嫉妬に苦しむのは定石でしょうが、中原氏の場合は、天才が凡人たちにいちいち嫉妬し、真剣に苦しんでいるのです。氏にとって、それは自己のいだく絶対の理念を現実の砥石にかけることであり「彼の詩は結局対人意識からのみ言葉がわいてきている」からです。

だから、氏はこの「批判」において、決して相手に負けることはないが、勝ったところで仕方がないのです。

遠慮なくいえば、僕は、この実践的な純粋性が、作詩の母胎としては実に有効だが、自己と現実との関係で或る短絡（ショート・サーキット）をおこしているのではないか、一度所有した絶対を手放して、相対の人間世界にもどることが必要なのではないかと思っていました。

あるときそれをいうと、氏はしばらく瞑目して黙っていましたが、やがて首をゆっくり左右にふって、大きく両眼をあき「お前の評論はこうだからな。お前にはそう見えるのだろうな」ともいいました。

氏の「批判」はさすが正確で、僕は二の句がつげませんでした」。

この中原と中村光夫さんとの対話から、中原の一九三五（昭和一〇）年一一月二一日の日記の次の記述を想起せざるをえない。

「中村光夫――これは今大評判の批評家だ。然しみてゐるがいい。「老獪な秀才」でしかないことがやがて分るから。尤も、老獪にしろ何にしろ、秀才さへもが珍しい当今文壇のことだから、表向きは、中村光夫を褒める方が賢明であるといふこと」。

私はこの記述の処理に困惑し、躊躇した。おそらく大岡さんと相談の上で、そのまま掲載した。反面、一九二七（昭和二）年四月一三日の
「日夏耿之介は馬鹿。」

を「日夏耿之介は……」として「馬鹿」を明示しないこととした。考えてみれば、公平といえない処理であった。

＊

中村光夫さんには『今はむかし　ある文学的回想』に続く『憂しと見し世』という回想記がある。その中に、一九四五（昭和二〇）年、「五月の初め、沖縄の戦局がいよいよ危急を告げだした頃、北鎌倉の佐藤正彰氏から、ギリシャ語の勉強を始めないかという誘いをうけ」、呉茂一先生からギリシャ語の講義をうけたこと、講義は鎌倉の佐藤正彰邸で行われたこと、東大で特別に選んで徴兵を猶予されていた学生、今道友信も受講していたことなどが記されている。

私は東大に進学してからは水戸で生活していたので、まだ一高に在学していたころ、つまり、中原中也全集の編集助手として大岡昇平さんに紹介されるより数年前のことだと思うが、あるとき、稲村ヶ崎のお宅をお訪ねすると、ちょうど呉茂一先生が玄関をお出になるところであった。中村さんは呉先生に、

「これは中村稔君という詩人です」

と紹介してくださった。『向陵時報』をご覧になった後、あるいは、私が、法学部への進学を決めたことをお伝えするためにお訪ねしたときかもしれない。この紹介で、中村さんが私を詩人と紹介してくださったことが、そのとき、無性にうれしかった。

しかし、その後しばらく、「詩人」という紹介ははたして喜んでいいことか、疑いをもつようになった。中原中也のように、詩に命を注ぎこんだ詩人を知っていた中村さんにとって、詩人とは社会常識を欠いた、性格破綻者に近い人種を意味していたのではないか、と疑ったのであった。現在も当時も、詩人とは決して褒辞ではない。

私は六〇年を越す弁護士生活をつうじ、多くの通常の社会人、企業の経営者や会社員等を知ったが、文学に関心をもつ人々は圧倒的に少数者である。たとえば私が詩を書くということを耳にしていても、私が書いているのが短歌か俳句か現代詩か、知らない。「うたをお書きになるそうですね、どんなものか教えてください」などと言われて閉口することが多い。だから、私自身、弁護士の業務と関連した会合や食事の席の雑談でも詩を書くということを話題にしないし、話題にされることを極度に嫌っている。とはいえ、現在では私が詩を書き評論を書いていることをご存知の依頼者はごく少数だがおいでになることも事実である。それにしても、弁護士が詩人であると称することはマイナスになってもプラスになることはない。

中村光夫さんが私を詩人として呉先生に紹介してくださったのに、どれほどの意味があったか分からない。ごく軽い気持で、若干揶揄をこめて、口になさったのではないか。このことはいまとなってはどうでもよいことだが、長年心にかけてきたことなので記しておく。

＊

前記の『憂しと見し世』には万年筆で中村さんの署名があり、私宛の献辞が書かれている。この本が出版されたのは一九七四（昭和四九）年一一月であり、あとがきは同年九月に執筆されている。その年、突然、中村光夫さんが私を事務所に訪ねておいでになった。私が弁護士になってからはじめてであり、お目にかかるのもじっさい数十年ぶりであった。

前年、中松先生が急逝なさったため、先生のオフィスが空いていたので、そのオフィスにご案内し、二、三時間お話しした。あるいは『憂しと見し世』の取材だったかもしれない。敗戦前後、中村光夫邸に出入りしていた一高の学生のことなど、いろいろ訊ねられた。

かつての猪股利哉、当時の岡利哉の会社の電話番号を調べ、岡に電話すると、しばらく話しておいでになった。しかし、この訪問からは『憂しと見し世』の材料となるような情報は得られなかったようである。同書には当時の一高生の出入りについては一行もふれられていない。

むしろ私がはっきり憶えているのは、中村さんから、

「きみ、宮沢賢治というのはほんとに偉いのかね」

という質問をうけたことであった。

中村さんのように正面きった質問に答えるのは難しい。私はまず、

「詩はいいと思います。童話もそれなりに評価していいのじゃないかと思います」

とお答えした。詩については、中原中也が『春と修羅』（最近では「第一集」といわれることもある公刊された詩集）を高く評価していたこと、ことに「原体剣舞連」が好きだったことからみても、抜群の詩人であり、わが国の詩人を代表する数人の一人であることは間違いない。「原体剣舞連」における特異な、独創的な言語感覚と幻想的描写もみるべきものだが、「無声慟哭」「永訣の朝」の哀切きわまる透明な挽歌は、比類ないものだし、「青森挽歌」の潮のうねるような感情の起伏の表現もじつに感動的である。ここまでは誰も異論がないはずだし、中村さんにも自信をもって説明できることである。

加えて、『春と修羅』第二集の青春の感傷も捨てがたいが、第三集における、ことに羅須地人協会の活動の挫折以降の痛切で高邁な詩境は、「穂孕期」「毘沙門天の宝庫」にみられるとおり、他に類をみないものである。私はこれらを高く評価しているけれども、「詩」に感動するのか、これらの詩の底流をなす高潔で孤独な心情に感動するのか、ということになると、これらの作品に感動するのは、萩原朔太郎や中原中也の詩に感動するのとはすこし異質なのかもしれないと考える。

それにしても、詩人としては宮沢賢治は偉いと思います、と私が中村さんにお答えしたのはいまだに間違っているとは思わない。

童話についていえば、多くの作品にヒューマニズムが認められ、ユーモアがあり、語り口の面白さがあり、偉いとまでいえないにしても、やはり評価に値するのではないでしょうか、と私は中村さんにお答えした。その限りでは間違っているとは思わない。ただ、中村さんは『日本の現代小説』の末尾に二人の作家が「小説によせた期待」をふりかえっている。

「苟にも文壇の上に立ちて著作家たらむと欲する者は、常に人生の批判をもて其第一の目的とし、しかして筆を執るべきなり。……小説は、見えがたきを見えしめ、曖昧なるものを明瞭《あきらか》にし、限りなき人間の情慾を限りある小冊子のうちに網羅し、之をもてあそべる読者をして自然に反省せしむるものなり。……およそ人生の快楽は、其類きはめて多きが中にも、人の性の秘蘊を穿ち、因果の道理を察《さと》り得るほど、世に面白きことはあらじ」(坪内逍遥、小説神髄)。

「小説家は今少し打かかりたる所あるべし。一枝の筆を執りて、国民の気質風俗志向を写し、国家の大勢を描き、または人間の生況を形容して、学者も道徳家も眼のとどかぬ所に於て真理を探り出し、以て自ら安心を求め、かねて衆人の世渡の助ともならば豈可ならずや、されば小説は瑣事にあらず」(二葉亭四迷、落葉のはきよせ)。

「それから八十年たって、日本の小説はこの期待にこたえたか、こたえる見透しがあるか、それともこの期待自体が時代錯誤になってしまったのか、考えるに値する問題です」。

中村さんはこう結んでいる。

中村さんは宮沢賢治を認めていなかったにちがいない。だからこそ私に質問したのであろう。詩はともかく、童話についていえば、童話という枠組、形式の関係もあり、宮沢賢治の生理と生活がかなりに特殊で、かつ、若くして他界したので、人生、社会に相渉ること少ないことは事実である。したがって、中村光夫さんの期待するような作品ではなかったが、それも止むをえないことだったと私には思われる。

＊

中村さんは一九八八（昭和六三）年七月一二日、他界なさった。満七七歳だから、いまの私よりはるかに若くして亡くなったのであった。葬儀が改築される前のイグナチオ教会で営まれた。私は葬儀のさい、はじめて中村さんがカトリックの洗礼をおうけになったことを知り、洗礼は本当に中村さんのご意志だったのか、疑問に思った。臨終に近く、本人の意識がはっきりしなくなったとき、遺族の希望で、洗礼をうけさせることも、時にありうるからである。あるいは中村さんのご意志だったのかもしれないが、私は中村さんとカトリックはいかにもそぐわないように感じている。

大岡昇平

大岡昇平さんにはじめてお目にかかったのは一九五〇（昭和二五）年の春であった。中村光夫さんのご推薦で、中原中也全集の編集について大岡さんの助手をつとめる心づもりであったので、いわばお目見得に参上したのであった。中村光夫さんに連れられて極楽寺の大岡家をお訪ねした。大岡さんから、きみが手伝うつもりがあるなら、手伝ってもらいたい、と言われ、是非、やらせていただきたい、とご返事した。それで話は決まったようであった。

大岡家は閑静で風雅、塵一つない清潔なお住居であった。おっとりとした、大柄の、美貌の奥様が八畳の和室に案内してくださった。中村さんは玄関先でお帰りになった。大岡家はしーんと静まりかえって、ご息女もご子息もおいでになるような気配はなかった。

私は『俘虜記』にふかい感銘をうけていたので、大岡さんの仕事のお手伝いをすることを無上にうれしく思った。大岡さんの側では、法律を専門とする職業につこうと志しているなら、几帳面な仕事をするだろう、と思いこんでいた。これは大岡さんの誤解であった。私は決して几帳面ではないし、弁護士の同僚、知己を見渡しても、几帳面な人もいれば、だらしのない人もいる。弁護士も一般社会人も変りはない。私はかなりいい加減な性格だし、記憶力も悪い。ただふつう詩人といえば、多くの人は反社会的、超俗的、性格破綻者的といったイメージをもっているが、私はそういうことはない。一九四四年、当時入手しにくかった『山羊の歌』『在りし日の歌』を一高図書館で筆写して以来、中原の愛読者だったから、一所懸命にやるつもりであった。

その日は私が中原中也の二冊の詩集を筆写したことをはじめ、雑談し、編集について漠然とした方針をご相談しただけであったように憶えている。ただ、忘れがたいことは、一応、話し終って手洗いに立ったとき、足がふらついて真っ直に歩けなかったことである。大岡さんは、ビール一本空けただけで、あなたはコップ一杯も飲んでいませんよ、と言う。私はたしかに酒をほとんど嗜まないし、好きでないが、そうかといって、ビールをコップ一杯飲んだからといって、足がふらつくほど酩酊することはない。おそらく緊張と空腹のせいだったろう。しかし、その後、大岡さんからお酒のお相手をするよう強いられることがなくなったのは、有難いことであった。無理をすれば、私もビールをコップ一杯や二杯、おつきあいできないことはないが、本来、私は酒席が嫌いである。

帰途、大岡さんが中村光夫さんのお宅に連れていってくださった。中村夫人手作りのカレーライスを大岡さんもご一緒にご馳走していただいたことは前章で記したとおりである。

その後、間もなく日本橋小舟町にあった創元社でお会いし、編集部長であった秋山孝男さんに紹介された。秋山さんは創元社倒産後に再生して東京創元社となったときに社長に就任し、東京創元社を再建なさった方であった。フクちゃんと大岡さんはお呼びになっていた。私が大岡さんからいただいた書簡中、たびたびフクちゃんという名に言及されている。その秋山さんから中原中也全集編集担当者として、林秀雄さんと毛利定晴さんというお二人を紹介された。林さんは本名小林秀雄といい、評論家の小林秀雄さんが創元社顧問であったので、小林秀雄さんと区別するため、創元社の社内の通称として林秀雄とよばれていたのであった。この小林秀雄さんは後に独立し、『八丈実記』を復刻、出版し、一九七三年、菊池寛賞を受賞なさった方である。

この顔合わせのときから、中原中也全集の編集実務がはじまったのであった。

顔合わせと打ち合わせが終って、ちょうど正午ころになった。大岡さんが、「フクちゃん、何か食べたいね」と言うと、秋山さんが、「名にし負う日本橋でございますから、ご希望に沿って、何なりと」と答えた。「名にし負う」と秋山さんが言ったのがありありと私の耳に残っている。結局、近くのこぢんまりしたフランス料理屋に案内された。私もご一緒した。

大岡さんはメニューをしげしげとご覧になって、「ぼくはカニのコキーユにしよう」とおっしゃった。私は「コキーユ」などという料理を聞いたこともなかったから、さすがに大岡さんは料理についても通人なのだ、と感心した。この「コキーユ」も「名にし負う」も考えてみると若干ふしぎである。というのは、米穀類主食が自由化されたのは、私が弁護士として勤めはじめた一九五二年の秋から冬にかけてであった。その一年も前に、日本橋でそういう洒落たフランス料理が食べられたことが解せないといえば解せないのである。しかし、表立って看板を出すことなしに、米穀類の統制制度の下で、ひっそり闇料理を提供することは横行していたのかもしれない。この秋山さんの言葉も、大岡さんの注文も、そうでなければ、私が印象ふかく記憶しているはずがない。

＊

私と大岡さんとのかかわりは中原中也関係と、若干ながら「事件」とに限られているので、まず、中原についていえば、大岡さんの第一の功績は創元選書版『中原中也詩集』を編集し、年譜・解説を付して、刊行したことにある、と私は考える。『大岡昇平全集』の年譜によれば、一九四六（昭和二一）年一二月、「創元社より『中原中也詩集』編纂と年譜、解説の執筆を依頼され」た、とあるから、あるいは、この創元選書版『中原中也詩集』の刊行は創元社の発意によるのかもしれないし、創元社顧問の小林秀雄さんの発意によるのかもしれない。後者とすれば、私のように二冊の詩集を筆写する読者がいることを小林さんが中村光夫さんからお聞きになったためかもしれない。いずれにせよ、この創元選書版『中原中也詩集』によって、中原中也ははじめてひろく詩に関心をもつ青年たちの間に普及したのである。中原中也研究の嚆矢の栄光を担ったのは大岡さんだが、戦後第一期の研究者、秋山峻たちはみな創元選書版で中原中也を知ったのである。

そして、はじめて同詩集の年譜によって中原中也の生涯のあらましを知ったのであった。

私はこの詩集の売行が良かったので、創元社が全集の発行を企画したように思っていたが、この詩集の解説を読みかえすと、大岡さんは「年譜は中原が自ら書き残した『詩的履歴書』を主とし、私が中原家の人々及友人諸氏より聞いたところに基いて作成した。詳細な事実の記載は他日全集刊行等の機会に譲り、今回は中原の詩に初めて接する人々に、彼の経歴の概略を伝へるを旨とした」とあるから、売行如何で全集を刊行する、という話が創元社と大岡さんの間で早くから合意されていたのかもしれない。

第二の功績として、大岡さんは、印刷に付すために、中原の遺稿すべてについて、写しを作成し、編集作業はすべて写しによるよう私に指示したことである。もちろん、写しと原本との照合も私の仕事だったし、推敲等で読みにくい文字の判読も私の仕事であった。ただし、判読に疑問があるときは、私は大岡さんに相談した。たとえば、一九四六年一二月『創元』第一輯に掲載された遺稿「昏睡」「いちじくの葉（夏の午前よ）」「夜明け」「朝（雀の声が）」はすべて原稿が失われている。このとき、これらの原稿はそのまま印刷に付され、印刷所が適当に処分したにちがいない。大岡さんはこうした過誤はくりかえしてはならない、とかたく決めておいでになっていた。

＊

こうして、私の手許に中原の遺稿のすべてとその写しが届き、刊行が終るまで私はこれらと共に生活することとなった。復写機のない時代だから、写しはすべて手書きである。大岡さんとともに創元社に秋山さんを訪ねた段階ですべて写し終えていたとは思われないので、これら遺稿は逐次、私の許に創元社から遺稿とともに届けられたのかもしれない。私の記憶力が悪いばかりでなく、六五年も昔のことなので、どうしても記憶が断片的であり、感じとしては、ずいぶん早くから一まとめに遺稿が届いたように思い、それなら、何時、創元社で写しを作ったのか、私にとって疑問である。

当時、母家で父母、弟妹が暮らし、私は祖母とともに、離れで暮らしていた。離れの仏壇のある四畳半を私の勉強部屋に使っていた。その一隅につみあげられていた中原中也遺稿をありありと思いだすのだが、その他はすべて忘却の彼方にある。

＊

ふしぎなことだが、林さんからも毛利さんからも全集編集について手ほどきをうけなかったし、実質的に手伝っていただいた記憶はない。それまで全集の編集はおろか、出版にもまったく未経験であった私が、時々大岡さんと相談しながら、ほとんど独力で、この第一次中原中也全集を編集し、創元社から刊行したといってよい。

後に、大岡さんが私の不始末を散々指摘、叱責した文章を一九八二（昭和五七）年一月号の『海』に「忘却と錯覚――「白痴群」第六号騒動記――」で公表なさったが、同文中、この第一次全集編集当時、「私はふしだらな生活を送っていて、関西、東北を流浪しながら「小説」を書いていた。原稿を整理したのは中村で、ときどき相談しただけだった。「最後に遺稿の整理考証の実際に当った中村稔の努力を自薦しておきたい」と第三巻終りに書いた通りである」とあるのは、ほぼ実情に近かった。

私が遺稿を解読し、分類し、配列の順序を決め、校正をし、といったすべてを、ほとんど誰の援助もなしに、すませた。弁解すれば、私は司法修習生であったから、判決書の起案等、宿題を始終与えられていた。私は決して閑をもてあましていたわけではなく、課程の履修に追われていた。私は、中原全集の編集にその余暇のすべてをあてていたのである。

裁判官だった亡父が最高裁人事局にふつう二回試験といわれる司法修習生修了試験の成績を聞きにいったところ、ご子息は抜群のご成績と聞かされたといって、満面に笑みをうかべた父が帰宅したことを弟は記憶している。社交辞令まじりだったかもしれないが、私が司法修習生の課程を恥ずかしくない成績で終えたことは間違いない。それだけ、勉強もなおざりにしたわけではなかった。しかも一九五〇年には第一詩集『無言歌』を出版、一九五二年には第二詩集『樹』の詩作に着手していたことを考えると、よく中原全集に時間がさけたものだと我ながら感心する。しかし、読みかえすと、私が事実上ほとんど独力で編集した第一次全集は、思わず顔が赤らむほど粗末、不備である。

当時、大岡さんから頂戴した葉書の一通は全文次のとおりである。

「拝復『ふくらむだ』は御説のやうに、中原が一種の感じを持つて書き流したものと思はれますが、『記憶』は明白な間違ひではないかと思はれます。しかしその判定を下してゐては大変だから、全部を『マヽ』として処理すること 賛成であります。精密にお調べ下さつて感謝に堪えません。よろしくお願ひします。なほ前便でお願ひしたタンテイ物の件もよろしくお願ひします」。

第一次全集第一巻の解説に、私が「遺稿については、「記憶」を「記臆」と書き、「ふくらんだ」を「ふくらむだ」と書く如き、中原の特異な用字が多いので、誤字といえどもほとんど改めず、明白な誤記と認められる少数の場合のみこれを改めた」と記しているのはこの大岡さんの指示によるのだが、「記臆」については、『日本国語大辞典（第二版）』に徳富蘇峰の用例が示されているとおり、明治大正期には「記憶」「記臆」が併用されていた。

私自身、その後、これまで多くの用例を明治大正期の小説中に見いだしている。中原はそういう用例になじんでいたにちがいない。中原とほぼ同世代の大岡さんがご存知なかったのが不可解である。

違う原稿用紙を使用したのは違う時期、同じ原稿用紙を使用したのは同じころ、ということは私も気付き、そのように推定していたが、同じ原稿用紙にみえる、同じ文房堂製の20×20四〇〇字詰原稿用紙でも、多くの種類があり、それらはみな時期を異にすることは一九七一年刊の第三次全集のさいに調べあげその詳細は別巻ではじめて公表されたことである。ある。大岡さんに『文藝』一九六九年一月号に発表した「原稿用紙」という文章があり、この原稿用紙にもとづく制作年代の推定に関し、「これまで後期の作品と見做されていた「屠殺所」を昭和二―三年と決定できた」と記している。「屠殺所」は次のとおりの作品である。

屠殺所に、
死んでゆく牛はモーと啼いた。
六月の野の土赫く、

地平に雲が浮いてゐた。

　道は躓きさうにわるく、
　私はその頃胃を病んでゐた。

屠殺所に、
死んでゆく牛はモーと啼いた。
六月の野の土赫く、
地平に雲が浮いてゐた。

　この作品の配列について大岡さんと相談したとき、大岡さんが、中原は晩年、詩想が衰弱して、繰り返しで終えることが多くなったから、これは晩年の作にちがいない、と断定なさったことをはっきり憶えている。第一次全集はその程度の根拠で配列も決められたのであり、その他も恥ずかしい仕事であった。

　編集当時、「野火」が連載されていた。私はその文章の明晰、格調に心酔していた。私の仕事は、本文の確定、配列等を除けば、年譜を充実させることであった。そのために私は長谷川泰子さんはじめ多くの方々にお会いした。そのころは中原の友人・知己が多くご存命であった。後年、そうした方々からの聞書きが研究の基礎になったが、私は年譜の記述に必要な事柄以上にお訊ねもしなかったし、記録もとらなかった。私は「年譜」の原稿をすべて口語体で書いて大岡さんにお示しした。大岡さんはこれをほとんど文語体に訂正なさった。私ははなはだ不本意であった。

そんなことはどうでもよいことである。私は小林秀雄、河上徹太郎、大岡昇平といった方々が編者であり、私はたんなる大岡さんの助手と思っていた。それ故、第一巻の解題を執筆するように命じられ、編者として名をつらねることになったことは、まったく意外であり、望外の光栄であった。私はまだ二四歳にすぎなかった。こうした破格の処遇をうけたことは大岡さんの好意であった。このことについて大岡さんに感謝しても感謝しきれない恩誼を感じている。

*

大岡さんの中原に関する第三の功績はその著書『朝の歌』をはじめとする一連の中原伝、

中原研究であり、このために篠田一士との間で論争があったことは知られるとおりである。だが、私としては、こうした著述よりも重大な功績は第三次全集の編集であったと考えている。この全集については吉田凞生および角川書店の担当者であった市田富貴子さんの協力をぬきにしては考えられないが、原稿用紙による考証その他、文学者の全集として、これほど厳密な校訂をされたものはそれ以前に存在しなかった。これはもっぱら大岡さんの熱意と執心によるものであった。大岡さんは江戸っ子であったが、中原に関する限り、非常に粘着質であり、執拗に拘泥するところがあった。

私はたびたび大岡さんから電話をいただいた。「おおおかです」というより、「おほおかです」と聞こえるような電話をうけると、いつも私はぞくっとした。きまって、第一次全集の不備について発見したことのご報告であった。どうだ、まいったか、とおっしゃったわけではないが、私が「そのとおりです」といった答えをすると、「ホッホッ」といってお切りになった。電話が終ると、いつも私は嘲笑されたように感じた。後にふれる「忘却と錯覚——「白痴群」第六号騒動記——」がその一端だが、この種のことが多かったのである。私が若く、未熟にして、周到な注意力を払うことなく、編集し、編集委員として名をつらねた名誉の代償であった。

＊

大岡さんについて忘れがたいことは富永太郎に関する安東次男との激越な論争である。『ユリイカ』一九七一年三月号に「富永太郎をどう読むか」という共同討議が掲載されている。参加者は大岡昇平・安東次男・飯島耕一に私を加えた四名である。印刷されたかたちでは、手を加えられて、論争の激越さがずいぶん穏やかになっているが、それでも、雰囲気は窺えるはずである。以下一部を抄記する。

「**安東**　ぼくがさっき、大岡さんはなぜ富永に興味をもっていらっしゃるのか聞きたいといったのは、こういうことなんです。いまの大岡さんの話のバリアントですが、ぼくにはバリアントを研究してみたいと思うのは限られてくる。富永の詩についていえば、そういうものを調べてみたいという気はあまり湧いてこない。また大岡さんがあそこに書いてらっしゃるようなバリアントを読んでみても、ぼくには明確な富永の意図というものが見えてこない。

大岡　いま、ぼくが言った点についてはどうですか。

安東　そういわれればそんなふうに読めないこともないとは思うけれど。なんか、それをさぐることの虚しさを排してくれるものではないような気がして……。

大岡　いや、読めないこともないというのではなく、これはこういうわけだからこうだと申し上げているつもりですが、それについて……。

安東　それを裏づけるには、確乎とした方法で書かれた他の作品が要るわけだが、富永にはそれがない。富永にはというより、富永でさえもといった方がいい。つまり、日本語で書かれたいわゆる自由詩のバリアントなぞ、ぼくにはどうもさぐる気になれんといってもいいのだが。

大岡　わかりました。文語定型詩でなければバリアントはいらないというのは、実にはっきりしたお考えで、ラシーヌはバリアントはいるけれど、ランボーはいらない、といえるのなら、何もいうことはない。（中略）

安東　これだけ遺された作品量が少なくて、それがいろいろ変化してますと、ある作品のバリアントを、これはこうだからこういうふうになってきた、というふうには……。

大岡　断定はできませんよ。しかし、たくさん作品があるからバリアントをやる値打ちがあると断定できる筋合のものでもないでしょう。

安東　しかし、バリアントを探すってことは、探すことによって、作品の世界というか……。

大岡 それはもう言いました。ぼくのいま言ったことで、なぜ作品の世界に進展がないという結論が出てくるんですか。

安東 進展がないとはいわない、いわないけれど、一回限りの詩だなという感じが先にきてしまう。富永というのはぼくにはそうなんで」。

私の記憶では、大岡さんがかなり激昂し、安東が冷やかだったのだが、こういう速記を読むと、たしかに大岡さんが論争の名手だったことが理解できる。「ラシーヌはバリアントはいるけれど、ランボーはいらない、といえるのなら、何もいうことはない」というところなど、安東が見事に挙足をとられている感がある。ただ、富永をランボーになぞらえることはできないし、安東は、大岡さんほど高く富永を評価していない、ということに根本的な問題があった。私自身の感想をいえば、たしかに富永は二、三のすぐれた個性的な詩を遺したけれども、研究に値するほどの詩人でない、という点で安東に同感である。

ただ、大岡さんはご自身が育った環境、それこそ家庭環境から文化的教養の修得過程、戦場体験まで、すべてを検証せずにすますことのできない方であった。そこに大岡さんの高貴ですぐれた資質もあるし、偉大さもあり、大作『レイテ戦記』等に至るのだが、富永太郎については大岡さんの贔屓の引き倒しという感がつよい。

＊

大岡さんから私が手きびしく批判されたのは大岡さんが『海』一九八二年一月号に発表した「忘却と錯覚――「白痴群」第六号騒動記――」であった。ことは『白痴群』第六号を日本近代文学館が入手し、これが諸新聞の社会面、NHKなどで大きく報道された。一九八一年九月であった。それまで『白痴群』六号を見たことはないと私が失言したことが、「騒動」の出発であった。大岡さんの文章を初出誌から引用する。

「「白痴群」第六号は当時（創元社版全集編集当時――筆者注）はあったはずなのだが、中村稔に電話すると、現物を見たことはない、といい出した。日本近代文学館の方も、切り抜きでもあったのではないですか、という。私も頭へ来て、中村稔にまた電話して、きみは一度、小林佐規子の詩があったような気がする、といったではないか、となじった。

ところが、これにはさすが国文学者の吉田凞生が直ちに明白な反証を出した。創元社版第一巻、つまり詩歌の巻の編注の「生ひ立ちの歌」の項に「白痴群」第六号にしかないヴァリアントが載っている。「盲目の秋」「汚れつちまつた悲しみに……」「無題」「更くる夜」の初出を「白痴群」第六号としている。これも中村が「白痴群」第六号を見なければ、記し得ないことである。

これには誇り高き中村稔も即座に降参した。以来、ますます中村の罪は重くなって行く一方なのだが、当時、彼はまだ二十代で原稿考証など始めての経験なのに、実によくやっている。それは吉田凞生が引き継いだ中村の刻明なメモ、リストが示している」。

途中だが、私の思い違いを「罪」と決めつけるのは、いかに何としてもひどいと思う。その後、創元社版全集第三巻の年譜に『白痴群』第六号所掲の一四篇のうち一一篇しか載っていないことも、私の手落ちとして、大岡さんは私を非難している。

実状は創元社版の編集当時、私が親交をもっていた荒居正雄さんが『白痴群』第六号をもっておいでになり、貸してくださって、編集のさい利用したことを、どういう経緯か憶えていないが、荒居さんにお返しして後、忘れていたのである。私の編集が杜撰であったことは間違いないが、編集時から二十数年後、編集時のメモ等も吉田に渡した後、しかも荒居正雄さんともその後まったく交際がなくなっていた時期、突然、電話で訊ねられて、まともに記憶を喚起できるわけではない。

以下、大岡さんの私に対する批判は続くが略する。大岡さんはじつに容赦のない方であり、執拗な方であった。私は創元社版全集の編集委員に名をつらねるという光栄を与えられたが、大岡さんからの電話はおおむね、こうした私の仕事の不備の指摘であった。

＊

「忘却と錯覚―「白痴群」第六号騒動記―」以前のことなので、話が前後するが、大岡さんは一九六一（昭和三六）年五月二九日から六二年三月三一日までの間、朝日新聞に「若草物語」という小説を連載し、『事件』と改題、一九七七年に出版した。この「若草物語」の連載の当初、私は大岡さんの法律相談に与った。しかし、刑事裁判の手続の詳細に入りこむに至って、刑事事件の経験のない私は、顧問役として、若いころ同人誌『世代』の仲間だった大野正男を紹介、大野に相談にのってもらうこととした。大野はさらに砂川事件の裁判長として名高く、退職して弁護士をなさっていた伊達秋雄先生に応援を頼んだようである。私が頂戴した『事件』には「拝呈　中村稔先生　大岡昇平」という献辞が書かれている。

この『事件』はわが国の裁判小説として空前絶後に精密で、現実感にみち、物語の展開も興趣あふれる作品である。じっさい、検察官、弁護人の主尋問、反対尋問に至っては、小説家の想像力の豊かさは、これほど見事に尋問と答弁をくみたてられるものか、感嘆の思いがつよい。大岡昇平という作家の特異な才能にちがいない。

裁判は、上田宏という一九歳の少年が彼の愛人の姉であるハツ子を山中で殺害した、という単純な事件について行われる。私はこの小説に感嘆の念ふかいけれども、二、三の不審をもつ。一つは弁護人の反対尋問はこんなにうまくいくものではないということである。まず、小料理屋を営んでいたハツ子の情夫宮内辰造の尋問にさいし、宮内がハツ子が出かける後をつけた、という証言をひきだしたことである。これは闇夜の鉄砲といった、想像から出た質問が思いがけず的を射たというべきものであった。こんなふうに有利な返答が得られるなら、弁護士という職業は楽なものだ、という感がつよい。

この宮内が、宏のハツ子殺害のさい、ハツ子が宏にむしゃぶりついた、という重大な目撃証言をすることとなるのだから、こんな証言が得られれば、弁護士として有難い限りである。この事件の争点は実際、宏に殺意があって殺した殺人罪に該るか、殺意のないのに殺してしまった傷害致死に該るかなのであり、ハツ子が宏にむしゃぶりついたために死んだのなら、殺意は否定されざるをえない。

これが唯一の目撃証言であり、宏自身は当時のことは憶えていないというのに、判決は、宏が「登山ナイフを出したところ、ハツ子がおそれず近寄って来てもみ合ううち、被告人は暴行の故意をもって」ハツ子を刺傷した、と認定している。こういう認定をする証拠はない。私が不満に感じる所以である。

また、主任裁判官がその妻と事件について再三家庭で話し合っている。亡父は裁判官だったが、事件について家で話すことはまったくなかった。私は弁護士だが、取扱っている事件について家で話したことはない。家族を信用していても、たとえば妻が妻の父親に話すかもしれないし、義父がうっかり他人に話さないとは限らない。私はこれは家族を信頼するか、どうかでなく、法律実務に携わる者の慎みの問題だと思っている。

『事件』についてつけ加えれば、出版後、伊達先生と大野、私は大岡さんから過分のお礼を頂戴した。大岡さんは、中原中也、富永太郎から戦友たちに至るまで、篤い友情をおもちになり続けた方だったが、同時に礼儀、心遣いも行届いた、高貴な魂の持主であった。このお礼も大岡さんの都会人らしい心遣いであった。そのお返しに三人で大岡さんを武原はんさんが経営していた料理店「はん居」にお招きした。はんさんが一時青山二郎さんと結婚していた関係で、大岡さんとも親しいことを私たちはすっかり失念していた。はんさんが席に挨拶においでになると、お二人は、私たち三人に目もくれず、しきりに懐古談に花を咲かせていたことが記憶に生々しい。

＊

私が大野を紹介したことから、『世代』について大岡さんがご承知になることになり、これについても私が匿していたかのようになじられた憶えがあるが、小田切進さんに勧めて、日本近代文学館から『世代』を復刻出版させてくださった。

このことについても私は大岡さんに感謝しなければならない。「俘虜記」「野火」「レイテ戦記」「ミンドロ島ふたたび」その他「花影」などの作者として、私は大岡さんに大いに敬意を払っているし、創元社版編集時以来、恩誼を蒙っていることが多いのだが、思いだすと、電話その他で、嫌み、皮肉、批判をうけた記憶の方がつよいのは如何ともしがたい。

＊

年譜によると、一九八八年八月二〇日、「ホテルオークラ別館で大岡の傘寿・金婚式を祝う会。水上勉、丸谷才一、中野孝次、城山三郎、大江健三郎、篠田一士、いいだ・もも、菅野昭正、秋山駿、中村稔らが出席」とある。この年譜は吉田凞生が作成しているから、吉田の名がないが、吉田も出席していたことは間違いない。小林秀雄さんも、河上徹太郎さんも、中村光夫さんもみなさん先立っていた。大岡さんの指名で、私がお祝いのご挨拶をした。考えてみると、出席者の中で、私が大岡さんをもっとも旧くから知っていたのであった。私は、大岡さんはお若いときは、たいへんお忙しく、お留守がちでしたが、いまこうして奥様の許に落着き、金婚式をあげることになったことを、心からお慶び申し上げる、という、大岡さんじこみの若干嫌みをこめた祝辞を申し上げた。

その年一二月二五日、大岡さんは永眠なさった。「遺志により葬儀、告別式は行われなかった」と年譜にあるが、出棺の日、成城のお宅をお訪ねすると、数百人の方々が三々五々集まってお見送りした。出棺の日時は公表されていなかったにもかかわらず、口伝えで聞き知った人々ばかりで大岡邸周辺はあふれていた。大岡さんはこれほどに慕われ、悼まれる、徳のある方であることを、私はあらためて思い知った。私はそのときはじめて成城のお宅をお訪ねしたのであった。思いかえすと、鎌倉極楽寺のお宅に一度か二度、大磯のお宅に一度か二度お邪魔したことがあるだけで、私は、大岡さんと私的交際はなかったにひとしい。一つには私が弁護士として多忙だったためであり、もう一つには、私は社交が好きでないからである。私が訪ねた友人の住居はごく少ない。だから、大岡さんの思い出も、主として中原中也の関連に限られるのだが、それでも本章はその一端にすぎない。

盛田昭夫

盛田昭夫さんはその輝くようなふさふさした銀髪と切り離しては思いだせないのだが、同時にロマンス・グレーという言葉とも結びついている。「ロマンス・グレー」は『日本国語大辞典（第二版）』には、「魅力ある初老の男性を、白髪まじりの頭髪に象徴させて呼ぶ語。またその頭髪。昭和二九年（一九五四）飯沢匡の同名の戯曲から流行した語」とあり、舟橋聖一「白薊」（一九五六）中の「ロマンスグレーならばまだしも、既にシルバーへヤーとなるものもあれば」などという用例を示している。ふしぎなことだが、飯沢匡は盛田さんの頭髪、容姿に触発されて「ロマンス・グレー」という言葉を思いついたのだ、と私は思いこんでいた。たしかに盛田さんはその頭髪に白毛がまじるのがお年のわりに早かったらしいが、一九五四年はまだ三三歳だから、一九五四年当時すでにロマンス・グレーだったとは信じがたい。後に記すとおり、私が盛田さんにはじめてお会いしたのは一九五九年であり、それでもまだ三八歳だから、そのとき早くもロマンス・グレーだったとは思われない。しかし、私はたしかに盛田さんが、こういう髪をロマンス・グレーというのだ、と誇らしげに話すのをお聞きした記憶がある。『日本国語大辞典』の定義にみられるとおり、「ロマンス・グレー」は魅力ある初老の男性についていわれる言葉だから、私が当初お目にかかってから数年後には盛田さんも、本来の意味でいう「初老」に達していたから、そのころ、お聞きしたのかもしれない。ふつうなら若白髪といって恥じるところを、盛田さんは、じぶんこそロマンス・グレーと称して、その頭髪に他人が羨望するよう仕向けたのではないか。思想、信条は後にふれるとして、盛田さんは、後にすっかり銀髪になってからも、一目見たら忘れがたい、ふかい印象を与える容貌をおもちであった。盛田さんはひどくお洒落であったにちがいない。

*

『私の昭和史・戦後篇下』31章に、私がソニーと関係をもった経緯を記しているので、同じことをくりかえすわけだが、要約すれば次のような事情であった。

一九五九（昭和三四）年五月一五・一六日の両日、アーマー・リサーチ・インスティテュートと称する研究所の申立により、その有する特許第二一五五七四号を理由に、ソニーの仙台工場に証拠保全手続が行われた。アーマー・リサーチは全世界的に右特許にかかる発明についてミネソタ・マイニング・アンド・マニファクチュアリング社（いわゆる3M《スリー》社）に独占的なライセンスを許諾していた。この特許発明は磁気テープの製造方法の発明であり、3M社がアーマー・リサーチの名の下に、ソニーが仙台工場で実施していた磁気テープの製造方法を探りだそうとして申立てたものであった。現在ではこのような探索的目的の証拠保全申立は許可されないのが常識となっているが、特許紛争が未熟な当時、ことに特許紛争に不馴れな仙台地裁は証拠保全命令を出し、3Mの代理人、清瀬一郎弁護士以下の人々が、裁判官らとともに、突然ソニー仙台工場を訪れたのであった。ソニーの顧問弁護士田辺恒貞さんが仙台工場に駆けつけ、理論はともかく、追いかえし、証拠保全手続を拒否することができた。

証拠保全申立は不成功に終ったものの、ソニーをはじめとする日本の磁気テープメーカー五社は、3M社が次には特許権侵害禁止の仮処分命令を申請するか、訴訟を提起するであろうと推測し、その対策を五社合同で協議し、会合をかさねていた。私の事務所は当時東京電気化学工業と称し、現在はＴＤＫと称している会社の特許業務を取り扱っていたので、私はこの五社会議に出席し、ソニーの仙台工場長高崎晃昇さん、業務課長として特許業務を担当していた四元徹郎さんらと昵懇になった。

やがて私はソニーの対策会議に出席するよう依頼された。盛田さんは当時専務であったが、アメリカ出張中で、田島道治会長、井深大社長以下、高崎さん、四元さんらが出席し、私はこの席で、ソニーの製造方法がアーマーの特許を侵害しないとする主張を説明した。ソニーの製造方法がアーマーの特許を侵害しないと私は確信はもっていなかった。しかし、私がくみたてていた、侵害しないという理由は、どれほど説得力があるかは別として、それなりに筋も通り、裁判所も耳を貸してくれるであろうと考えていた。席上、井深さんはじめいろいろの方から質問をうけた。同席した方々の中、ご年配の方から、二、三的確な質問をいただいた。その方が田島さんであった。若いころは後藤新平の秘書をつとめた後、財界に入って要職をかさね、初代宮内庁長官をつとめた方だけあって、田島さんは鋭く、かつ、物事の理解が早い方であった。当時の磁気テープ事業がソニーの死命を制する重要な事業だったこともあるのだろうが、田島さんは決して会長として名前を貸していたわけではなかった。親身になってソニーの経営に関与なさっていた。そういう田島さんに私は好意をもち、それだけ田島さんが親身になって経営に関心をもつソニーに好意をもった。

田島会長が、中村弁護士は理工系の出身か、と訊ねておいでになりましたよ、と会合の後、私は聞かされた。そんな誤解によって、私はソニーの方々から信用されたのであった。

なお、この特許問題は問題となった日本特許に対応するアメリカ特許が無効と宣言されたことから、アーマーは関心を失った。その後、いろいろの経緯はあったが、この特許問題はわが国で訴訟に発展することはなかった。

＊

その後、盛田さんが帰国なさって間もないころ、呼びだされて盛田さんにはじめてお目にかかった。品川御殿山の木造二階建て西洋館の二階の一室を井深さんと盛田さんが二人で使っておいでになった。その部屋の左右の隅に、井深さんと盛田さんのお二人がそれぞれ机を構えていた。この建物は「わかもと」の創立者長尾欽弥氏の旧宅であった。どういうわけか、「わかもと」という商標はわかもと製薬の会社名義でなく、長尾氏個人名義になっていた。そのため会社と長尾氏との間に紛争を生じ、私は会社側で、名義を会社に移転するのに交渉し、折衝したことがあった。ずいぶん苦労した案件だったから、この建物は私にとってもずいぶん因縁ぶかい建物であった。

井深さんも盛田さんも作業衣を着、胸に名札をつけていた。会長、社長、専務といった役員が、一社員と同様、作業衣を着、名札をつけるということはかなり異例である。ソニーは開かれた、風通しのよい会社だ、という感じをもった。

たぶん、そのときは、いざというときは、ソニーを代理してもらいたい、といったほどの依頼の他、私の事務所、職務状況をはじめ私の人間性をみるような質問をうけ、それらにお答えするほどのことで終ったのだと思うが、記憶は確かではない。

私は盛田さんから、ソニーに入社しないか、と誘われたことがある。法務部長、取締役として迎え入れたいということであった。アメリカの会社には必ず社内に弁護士がいる。ことにGeneral Legal Counselという肩書をもつ弁護士は、彼の承認がなければ重要な契約は締結できないほどの権限を与えられている。ソニーもそういう企業に育てていくつもりだ、ということであった。

これはおそらく数年間、ソニーの仕事をした後、一九六〇年前後のことではなかったか、と思われる。私はまだ三〇代であった。とびあがるようにうれしかった。しかし、私は中松先生に恩誼があり、親愛の感がつよかったし、事務所の経営に責任を感じていた。丁重にご辞退し、外部からお手伝いさせていただきたい、と申し上げた。大賀典雄さんに対してくりかえし勧誘したその執拗さからみて、私に対する申出はほんのちょっとした思いつきであったようにみえる。私はこのことを盛田さんが私を見込んでくださった自慢話として記しているわけではない。盛田さんは能力があると思うと、誰彼となく勧誘したり、応援したりするのがお好きであった。むしろ、一九六〇年前後に社内弁護士の重要性に気付いておいでになった盛田さんの先見性に、私はあらためてふかい感銘を覚えるのである。

＊

江崎玲於奈さんのトンネル・ダイオードの発明のアメリカ特許の帰属について紛争がおこったのは、私がはじめて盛田さんにお会いしてから間もなく、江崎さんがＩＢＭへ移籍なさった直後のはずである。職務規程により、いわゆる職務発明は会社に譲渡することと定められているのが通常であり、ソニーでもそのように定めていた。ただ、アメリカ特許出願は、発明者個人の名義で願書を作成しなければならない。そこで、出願と同時に譲渡証を作成、会社の名義に移転するのが通例だが、たまたまトンネル・ダイオードの発明のアメリカ特許出願については譲渡証を作成していただくことを失念していたらしい。ＩＢ

Mへの移籍に先立ってソニーの特許担当者が譲渡証の作成をお願いすると江崎さんが拒否なさった。私は四元業務部長と協力、訴訟の準備をしていた。

すると、訴訟の準備が整った段階で、江崎君とは円満に話をつけたから、もう訴訟は必要ない、と盛田さんから言われた。そして、そのときに盛田さんが江崎さんへお出しになった直筆の手紙を見せてくださった。肝心の用件は別として、私の記憶に生々しいのは、その手紙の中に、盛田さんが、厚木に工場敷地を手に入れたことを知らせ、見渡す限り土地の果てまで、これがソニーの工場として使えるのだと思うと、身奮いする、といった感動が率直に書かれていた。ソニーにとって、厚木工場敷地の入手はそれほどの事件だった、と思うと、感慨ふかいものがある。

江崎さんが権利譲渡を拒否した心情は、数年前、中村修二さんが青色ダイオードの発明で莫大な額の支払いをうけた職務発明に対する報償の問題と同種のことかもしれない。トンネル・ダイオードの発明はノーベル賞に値する偉大な発明だったにちがいないが、商業的に利用されることはほとんどなく、ローヤリティ収入も数百万円程度だったと聞いている。ただし、この発明によりソニーの技術開発力が評価され、株価を大いに上昇させたことは事実である。

＊

一九六一年一一月、私は一カ月の予定でイタリー、ミラノに滞在した。私のはじめての海外旅行であった。どういう動機であったか、盛田さんが中松先生と私を、武原はんさんが当時は赤坂で営業していた料理店「はん居」にご招待してくださった。井深さんもご一緒に主人役をつとめてくださったように憶えているが、確かではない。そのとき、盛田さんから海外旅行の心得をいろいろ教えていただいた。

盛田さんは自身の経験談をお話しくださった。飛行機に乗りこむときには手荷物の重量制限がある。始終、制限重量を超えてしまうので、荷物の一部をあらかじめコイン・ロッカーに入れ、その他の荷物だけで検査をうけ、許可証をもらってから、コイン・ロッカーから荷物をとりだして、飛行機に搭乗するといい、ということであった。ソニーの初期、盛田さんご自身が商品見本を持って、アメリカ各地に販路を開拓中のことだったろう。後年、盛田さんはソニーの自社機をお使いになり、また飛行機をハイヤーしてお使いになっていたようだが、初期には、そんな貧乏旅行も体験なさっていた。

『キミもがんばれ　盛田昭夫さんに勇気をいただいた者たち』と題する回想録がある。

この題名は盛田さんから「ボクもがんばるからキミもがんばれ」と激励されたという言葉に由来する。盛田さんを慕う八十数名の方々が思い出話を寄せているが、その中の大塚博正という方の「判断とアクションの速さに助けられる」という文章の末尾に次のとおりのエピソードが記されている。

「そういえば先日、作家の城山三郎さんの話を聞く機会があったのですが、彼の話の中にも初めてアメリカに行ったときの話があり、偶然、盛田さんと同じホテルに泊まったらしく、当時でも（40年前）＄5の部屋に泊まったら、盛田さんも同じで、食事はすべてホテルの外の安い外食だったというお話をされていました。日本の経営者もこんな苦労をして日本の経済発展のために努力したから今日がある、とおっしゃっていました」。

ついでに思いだしたが、二〇〇一年一一月ソニーの会長であった大賀典雄さんが北京でオーケストラを指揮中、脳梗塞で倒れたことがあった。急遽特別機を仕立てて日本へ急送、その後、療養の甲斐あって大賀さんは復帰なさった。大賀さんがそれだけソニーにとって大事な方だったにちがいないが、営業活動や財界の用件で北京に赴き、脳梗塞に倒れたのならともかく、たんに趣味にすぎないオーケストラの指揮中の発作のために、これだけ手厚い面倒をみることになったのは、草創期のソニーを思うと夢のようだ、と私は暫く感慨を催したのであった。

＊

ソニー関連の仕事の中で、私にとって忘れがたい、筆頭にあげたいと考えるのは、何といってもソニー・チョコレート事件であった。ごく小規模の製菓会社がそのチョコレートに「ソニー」「SONY」という商標を付して売りだした。現在の不正競争防止法では、このように周知著名な商標・商号等商品表示・営業表示を異業種の商品・営業に使用することは違法とされているが、当時の不正競争防止法にはこうした規定はなかった。異業種の商品・営業に周知著名な商標・商号を使用することによって、「混同」を生じるかが法律解釈上第一の難関であり、これによって、ソニーは「営業上の利益を害されるか」が第二の難関であった。この当時でもソニーが周知著名であることは疑問がなかった。こうした問題について先進諸国においては違法とした判例もあったし、国際的にも専門家の間では違法とするよう条約で定めるべきだとする意見がつよかった。しかし、私たちは日本の不正競争防止法の下で、これらの難関を突破しなければならなかった。この事件は私の事務所とソニーの創立以来の顧問弁護士である田辺恒之先生の事務所の田辺恒貞弁護士とが協力した。

ソニー・チョコレートの排除にもっとも熱心だったのは盛田さんであった。ソニーはいまはトランジスタ・ラジオ、磁気テープ等を製造販売しているけれども、将来どんな分野に進出していくか分からない。それこそ銀行だって設立するかもしれない。だからこそ、ソニー株式会社と改称するときもソニー電機株式会社などという名称を採用しなかったのだ、とお聞きした。余談だが、ソニー銀行をもつことは盛田さんの当時からの夢だったらしいが、私たちは冗談としか思っていなかった。

こうして盛田さんの情熱にほだされて、私たちも私たちなりに全力を尽した。私の一高時代の友人、藤永保は東大では社会学を専攻し、そのころ東京女子大の教授をしていたが、社会学的に精緻な統計的調査を行い、ソニーとチョコレートとはイメージがきわめて近いので混同を生じやすいというデータを作成してくれた。盛田さん自身が『暮らしの手帖』の編集者、花森安治と、秋山ちえ子という当時評判高かった著名人にお願いしてくださって、お二人に証人として出頭していただき、ソニーがこんなチョコレートまで手がけることになったのか、と疑問をもった、といった趣旨の証言をしていただいた。盛田さんご自身も証人として出頭し、アメリカでソニーのブランドを確立した話をはじめ、いかに商標を大事に考えているか、詳細に証言なさった。

この訴訟の終りころ、特許庁にソニーが請求していた、相手方のチョコレート会社が登録していた「ソニー」という商標登録を無効とする審決が出された。担当したのは蕚《はなぶさ》優美弁理士であった。

担当の三宅正雄裁判長から、和解の勧告があった。看板の書きかえ代程度の僅かな金額をソニーが支払い、先方は「ソニー」「SONY」の商標の使用を止める、という案が裁判長から示された。私たちは実質勝訴といってよい和解案なので受諾することとし、和解により訴訟は終結した。

私たちの訴訟と併行して、当時存在していたカメラのメーカー、ヤシカが「ヤシカ」商標を化粧品に使用している会社に対し訴訟を提起し、同時に先方が登録していた「ヤシカ」化粧品の登録の無効審判を請求していた。明らかにソニーがソニー・チョコレートに訴訟を提起したのに刺戟された訴訟であり、審判であった。私たちが和解で解決した後、ヤシカ無効審判の審決がなされ、「ソニー」の登録無効裁判の審決とは逆に、化粧品会社の「ヤシカ」登録は有効と判断された。そのため、ヤシカに対しては和解が勧告されることなく、判決された。判決はヤシカ勝訴であった。被告は化粧品について著名商標「ヤシカ」を使用することを止めるよう命じられたのであった。ヤシカ化粧品会社が「ヤシカ」の登録商標をもっていても、不正競争に該当する以上、使用は許されないと判断された。こうして、ヤシカ化粧品事件判決が著名商標の異業種商品・営業に対する使用を違法とする最初の判決となった。

本来であれば、私たちこそこの種の事件に最初に勝訴すべき立場にあったが、和解したために最初の裁判例を作る名誉を失ったのであった。高橋光男弁理士はソニーの社内弁理士としてこの事件に関与していたが、この事件の功労者は蕚弁理士であるという。蕚弁理士がどのように特許庁審判官を説得したか、私は知らない。私にとっては功労者が誰であってもよい。盛田さんの先見性を指摘すれば足りる。

先に二つの難関があったと述べた。現在、第一の点については、周知著名な商標が異業種の商品等に使用されると、著名性が稀釈化（dilution）すると考える。これは欧米から輸入された理論であり、当時、訴訟で私たちが主張した理論であり、唯一であれば周知著名な商標のもつインパクトはつよいが、多数が同じ商標を使えば、インパクトがうすまるというわけである。私たちの主張がいまでは通説になったのだといってよい。

第二の点については、混同といっても、甲の商品を乙の商品ととり違える、という狭義の混同だけでなく、消費者等が二社の商品は何らかの関係があると考えるなら、広義の混同が存在すると考えている。

このソニー・チョコレート事件は、その後の「ソニー」商標の保護に重要な意味をもった。その当時は、ソニー美容室、ソニー焼肉店といったソニーの名を冠した中小企業が多数存在した。彼らは一様に、私たちはソニーの宣伝をしているのだ、と称し、また、こんな小規模の事業を大ソニーがやっているなどということは誰も思わないから、ソニーに迷惑をかけることはない、と弁解した。

私の事務所は毎年数件ずつそうした「ソニー」の名称、商標の使用の禁止の仮処分命令を申請し、止めさせるのに忙殺された。はじめのころは厖大な証拠を提出する必要があったが、やがて申請すれば即日仮処分命令が得られるほどに裁判所の理解もふかまった。一〇年近く経つと、そうした「ソニー」の名称を無断で使う者はいなくなった。

現在、ソニー・ミュージック、ソニー銀行、ソニー損保、ソニー・ピクチャーズ等、ソニーの関連会社以外にソニーを称している企業はない。これこそ、まさに盛田さんが予見していた状況であった。

＊

一九六六年には晴海通りと外堀通りの角にソニービルが竣工した。土地の売収等非常に苦労が多かったと聞いているが、これは田辺恒貞弁護士が手がけた仕事であって、私も私の事務所も売収や建築に関係していない。若干関与した問題の一つは、地下一階の「マキシム・ド・パリ」のミュージシャンとの雇用契約であった。交通費はソニー負担であったが、来日はシベリア鉄道を利用する旨、定められた。格安航空運賃がなかった時代とはいえ、シベリア鉄道を使わなければならないというのは気の毒だと思った。それほどパリにはその種のミュージシャンがあり余っていたのであった。

ついでに思いだしたが、マキシム・ド・パリの開店にさいしては、マキシムというフランス料理店が存在し、この料理店から名称禁止の訴訟が提起された。当方は必ず「マキシム・ド・パリ」とフルネームで称すること、先方は「銀座マキシム」と称することを主な条件とし、これに付随的な条件が付されて和解により解決した。ただ「銀座マキシム」はその後数年の間に廃業したようである。ごく近くにパリのマキシムが出店していれば、「銀座マキシム」は贋物じみてみえることになり、むごいことだが寂れて立ち行かなくなったのであろう。

それよりも、ソニービルが竣工したときの盛田さんの喜びようが忘れがたい。たしか竣工祝賀パーティの前夜、数人が盛田さんを囲んで集っていたのだが、銀座の目抜きの地に芦原義信さん設計の特色あるビルが建ったことは、ソニーのシンボルが銀座に進出したということであり、盛田さんは満面の笑みをたたえて気炎をあげ、将来の夢を語った。

それだけに、ソニービルに対する愛着もふかかった。借室している一企業がどうしても盛田さんのお気に召さなかった。何とかして追い出したい、というご意向であった。一、二時間もかけて私は盛田さんとご相談し、立退き交渉をするよう依頼されたことがあった。ところが、その翌日か翌々日、成田へ向かう自動車の車中から電話があった。その件は某弁護士に依頼するから、悪しからず了解してほしいということであった。その弁護士は元検事で暴力団とのつながりも噂されている方であった。盛田さんの頭の中には、暴力団を利用しても追い出したいというお気持があった。私はひきさがるしかなかった。これも盛田さんのソニービルに対する愛着に由来することであって、私として盛田さんの気持が理解できたので、その弁護士に依頼することは止むをえないと考えていた。ただし、この弁護士も盛田さんの期待に応えられたわけではない。

電話といえば、盛田さんから電話をいただいたとき、受話器をとると、盛田ですが、と必ずじかに盛田さんの声が聞こえた。ソニーの社内の方々でも、まず、女性が出て、ただ今X課長に代ります、と言って、私を待たせ、やがてX課長が電話口に出てくることが多い。盛田さんに限ってそういうことはなかった。盛田さんがじかにダイアルなさるわけではあるまいが、秘書の方などを介して私を呼びだしておいてその後に代る、といったことはなかった。じつに気のつく、礼儀正しい方であった。

*

盛田さんからロシーニ弁護士のことをお聞きする機会は多かった。たぶんはじめてロシーニ弁護士について話されたときだと思うが、ユダヤ人の弁護士というのはすごいものですよ、相手と交渉して、話がまとまって、外へ出て、数歩歩いたと思ったら、ちょっと待ってくれ、と言って相手の事務所にひきかえし、再交渉して、それまでにまとまっていた条件よりももっと有利な条件で話をまとめてきたんです、あの粘りは見習わなければならない、とお聞きした。

ロシーニ弁護士に対する信頼は絶大なものがあった。私見でいえば、ソニーのアメリカにおける商法は、ロシーニ弁護士の指導、教育に負うところが大きかったのではないか。ロシーニ弁護士はソニーのアメリカ法に関する相談相手という以上に、アメリカで商売するにはどうすべきかを教える指導者だったのではないか。後にソニーの副社長・CFOをつとめた伊庭保さんなど、ロシーニ弁護士の一番弟子だったのではないか。私自身、伊庭さんと一緒ではなかったかと思うが、ロシーニ弁護士のお宅に招かれ、奥様手作りのケーキをご馳走になり、雑談したことがある。彼は有能な弁護士以上の存在であった。しかも、じつに魅力的で誠実な方であった。

ソニーが発展し、ロシーニ弁護士が逝去されてから後、ソニーの法務部門も充実するようになった。そのころから、巨大法律事務所を使うようになったのかもしれない。ソニーが弁護士に求めるものは、弁護士の意見ではない、経営者の方針を支持するような法理論を提供することだ、と考える法務部員が見られるようになった。私はそれが弁護士の正しい使い方だとは思わない。ロシーニ弁護士とまでいわないまでも、裁判所、陪審員などを説得できるような、公正で、論理的な意見を弁護士に求めるべきだと私は考える。盛田さんが亡くなったとき、盛田夫人が私の事務所に訪ねておいでになり、盛田さんの遺言書を預かっていないか、というお訊ねがあった。私は遺言書をお預かりしていなかったけれども、夫人が、ひょっとして私に遺言書を預けているかもしれない、とお感じになる程度に、夫人との間で私が話題になったのかもしれない。そうとすれば、私はつねに私の流儀で貫いて、それなりに信用していただいたのであり、私が暴力団とのつながりをもつことなど、大いに嫌悪することも盛田さんはご存知であった。盛田さんの没後、私の事務所で夫人の法律相談をうけることになったのも、そうした信用によるだろう。

＊

盛田さんがテニスをはじめたのは五五歳のときだったという。私はスポーツは健康に有害だと考えている。たとえば、ゴルフでもパッティングのさいの緊張から心臓発作をおこす方も少なくない。もっと卑近な例でいえば、あいにく当日は雨がふって、ゴルフをするような天候でなくても、他の二人、三人の方々に気兼ねして、雨中、ゴルフを強行して風邪をひき、肺炎に至る例もある。

盛田さんは勝気な方であった。どこまでも球を拾おうとしてコートを駆けまわる姿を私は想像する。きっと球に対する執着もおつよかったにちがいない。そうでなくてもテニスは過激なスポーツである。それだけ面白かったのだろうけれども、そのために、盛田さんはテニスをなさっている最中に脳梗塞か何かそうした発作をおこしたのではないか。テニスは盛田さんの性格を考えると、じつに危険なスポーツであった。そう考えると、盛田さんがテニスをはじめたことが、私には残念でならない。

＊

前掲『キミもがんばれ　盛田昭夫さんに勇気をいただいた者たち』の寄稿者は、二、三の方が盛田会長などとよんでいるが、その他の八〇名近い筆者は全員「盛田さん」とよんでいる。そういうソニーの風通しの良さを私は愛している。

磯輪英一

磯輪英一さんは名古屋の人である。一九二八（昭和三）年生まれだから私より一歳だけ若い。しかし、二〇一〇年一一月四日、八二歳で他界した。私にとって磯輪さんは懐しい人である。私が信頼し、親しくおつきあいしてきた人であった。

磯輪さんは名古屋高等工業（現名古屋工業大学）の出身であった。父君は鉄工所を経営していた。磯輪さんが父君の家業を継いだ時点では従業員一〇名ほどの紙器機械の製造を主とする零細企業であった。磯輪さんが他界なさった当時は、磯輪さんが経営していた株式会社ISOWA（ローマ字表記が正式の商号だが、以下の文中ではイソワと表記する）は、段ボール製造機械の業界では世界的水準で屈指の企業となっていた。株式を公開、上場していないし、年商約一〇〇億円、従業員は約三〇〇名程度、顧客は段ボール製造メーカーに限られているから、社会的な知名度はきわめて低い。関係の業界の方々の中でだけ知られ、敬意を払われていたにすぎない。しかし、段ボール製造機械の技術に関しては、株式会社イソワは世界の最先端の技術を開発し、競争力をもっている。こうした、いわば無名といっていいような企業が、日本の産業を支え、その基盤をなしている。おそらく自動車業界でも、電機業界でも、その他の業界でも、こうした高い技術力と効率的な生産性をもった、多くの中小企業が、私たちが知らないだけで、業界を支え、日本産業の裾野を作っているにちがいない。そうした中小企業はきっと卓越した経営者、技術者をもっているだろう。私には磯輪英一さんはそんな卓越した経営者、技術者の典型のように思われる。

*

かつてアメリカにコッパース社という著名な段ボール製造機械のメーカーがあった。私の事務所はコッパース社を代理して日本特許庁に数多くの特許出願の手続をしていた。磯輪さんはコッパース社と技術提携して、コッパース社から段ボール製造機械を製造する技術を習得した。技術援助契約を締結したのは一九六九（昭和四四）年というから、戦後かなりの年月を経過している。

かつてはビールの通い箱のようなものは木枠であったが、いまではほとんど段ボール製に置きかわっている。硝子や金属の容器がプラスチック製に多く置きかわったと同じく、現在段ボールはいたるところで利用されており、用途は限りなくひろい。磯輪英一さんは段ボールの市場の将来性に着目した。段ボールを製造するよりも、段ボールを製造する機械を製造しようと思い立った点に、磯輪さんの先見性があった。こうした先見性は誰もがもつことができるわけではない。

コッパース社のばあいはどうだったのか、私は詳らかでないが、敗戦後、相当期間、アメリカ企業は、ロイヤルティといわれる技術指導料ないし特許実施対価を見返りに、その技術を輸出し、日本等の外国企業に技術を開示したり、特許をライセンスすることに、きわめて寛容であった。おそらくアメリカという国の国内市場が豊かだったから、国内市場の売上で充分な利益を得ることができたので、ロイヤルティ収入等は想定外の余剰利潤にすぎなかったのであろう。

イソワでは一九四〇年ころから小型の段ボール製造機械を製造し、一九五五年ころには紙器機械から段ボール製造機械に事業の中心を移していた。当初は自社開発の技術で製造していたが、自主技術では限界があると考え、一九六〇年代に入ってアメリカの技術を導入することにした。しかし、このころになると、アメリカ企業は日本企業に技術援助することは徒らに競業者を育てることになることを自覚し、技術援助、技術輸出にきわめて消極的になっていた。そこで一週間通いつめて懇願するなど苦労の末、一九六六年以降ゼネラル社等三社から徐々に技術を導入した後、ようやく一九六九年にコッパース社との本格的技術援助契約を締結するに至り、当時のアメリカの最新技術を習得するようになったのであった。

私が磯輪英一さんと知り合ったのは、コッパース社の代理人として、技術援助契約の関係で交渉する機会をもったからであった。その後、コッパース社の利益と抵触しない範囲で相談にのるようになった。当初は特許関係の問題について意見を求められたり、その紛争処理をお手伝いするような事柄が主だったが、やがて会社の経営をはじめ、さまざまの事柄について相談をうけるようになった。

磯輪さんは温厚、篤実であったが、決して愛想が良い方ではなかった。また、社交的でもなかった。むしろ無愛想で、物言いが率直、質問するときは、質問というより詰問するかのように感じられた。ただ、納得なさったりしたときなど、心から暖かさを覚えるような微笑みを浮かべるのが印象的であった。

現在イソワでは七五〇件の特許権を有し、一一七〇件の特許出願が係属中である、という。これら特許権の中で、もっとも重要なものの多くは磯輪英一さん自身の発明に対するもののはずである。磯輪さんは自ら営業し、顧客の苦情、注文、要請をじかに聞き、そうした顧客の苦情、注文、要請に応えるために、自ら工夫し、課題解決のために発明し、あるいは発明のヒントを会社の技術者に与えた。私は六〇年を越す弁護士としての生活の間、ことにいわゆる知的財産権を専門とする弁護士としての職業上、数多くの経営者にお会いし、お話しもしてきた。ソニーの井深さんのような方は例外として、中小企業の経営者で特許明細書の記載を理解し、特許権の範囲を決定する「特許請求の範囲」を理解できる方には、磯輪さんを除いて、お目にかかったことがない。

それ故、磯輪さんは特許明細書の記載の一語一句に至るまで完全に理解しなければ納得しなかった。三菱重工業は本格的な段ボール製造機械に関し先発企業であり、いうまでもなく豊富な資金力、すぐれた技術力、有力な特許権をもっていたし、現在も状況は変りないはずである。イソワの製品が三菱重工業の特許権を侵害しないよう、三菱重工業の特許権を回避するには、どうしたらよいか、疑問があるときに、どう紛争を解決するか、紛争が生じる以前に何をすべきか…等、とことんまで議論をつめなければ、磯輪さんは質問を止めなかった。三菱重工業の特許権だけでなく、他社の権利についても同じだったが、問題となるのは圧倒的に三菱重工業の権利が多かった。しかし、三菱重工業とイソワの間で特許権侵害の紛争が訴訟にまで発展したことはない。それには私も微力ながら役立ってきたと思っているが、基本的には、磯輪さんが特許権を理解し、尊重するという方針を採っていたからであると思われる。

それだけに、他社がイソワの特許権を侵害すると思われるときも、はっきり主張した。そうした問題で忘れることのできない案件がある。ある企業がイソワの特許権を侵害していた。事実は、私共の眼からみれば、明々白々、議論の余地もないものであった。磯輪さんと私とは連れ立って相手方の企業を訪問し、友好的に解決するよう提案した。あいにくその企業はイソワにとって大切な顧客でもあった。相手方企業の担当役員、特許担当者は、まるでけんもほろろ、私たちの説明に聞く耳をもたなかった。そういう考えであれば、イソワは出入り禁止にして、取引を止める、と脅された。私たちは何の成果もなくひきあげることとなった。

私たちはとぼとぼ首うなだれて駅へ歩いていった。ぼそっと、磯輪さんが、相手が相手だから、諦めるより仕方ありませんね、と呟いた。私は憤りを抑えられないように心がたかぶっていたが、やがて、磯輪さんは技術や発明にふかい理解と造詣をおもちの方だが、同時に経営者としての大局観を忘れない人なのだ、という感銘をつよくしていた。

ただ、この事件は、折にふれて話題となった。そのたびに磯輪さんは、あのときは口惜しかったですね、と述懐した。磯輪さんにとっても口惜しかったのだが、決して感情に走る方ではなかった。

＊

段ボール製造機械に関して、イソワは多くの特許権をもっているが、世界的にみて画期的であり、世界的にイソワが確固たる立場を築く基礎となったのは、フィンガレス・シングル・フェーサーあるいはノン・フィンガー・シングル・フェーサーといわれる装置の発明であった。段ボールは波形の形状をもつ中芯紙の片面にライナーといわれる平坦な紙を糊付けした、片面段ボールあるいはシングル・フェーサーといわれるものと、中芯紙の両面に平坦な紙を糊付けした両面段ボールあるいはダブル・フェーサーといわれるものの二種に大別される。ここで問題となっているのはシングル・フェーサー（片面段ボール）の製造装置である。

片面段ボールは、波形に成形された中芯紙と中芯紙の片面に糊付けされた平坦紙（ライナー）とからできている。その製造にさいしては、中芯紙の素材は互いに噛み合って高速で回転している二つの段ロール（第一段ロールと第二段ロール）の間を通って波形が形成され、その後、糊付装置で波形の頂部に糊が付けられる。一方、プレスロールから平坦紙が送りこまれ、他方、すでに頂部に糊が付いている中芯紙が送りこまれ、平坦紙と接着される。

この接着された中芯紙と平坦紙は第二ロールに沿って移動し、とりだされることとなるが、段ロールが高速回転しているため、格別の措置を採らないと、遠心力によって、中芯紙が段ロールから離れてしまう。

そこで、中芯紙が段ロールから離れるのを阻止するため、それまでフィンガー・プレートといわれる板状のものをとりつけて、中芯紙が離れるのを防止してきたが、フィンガー・プレートは摩耗しやすいので種々の問題があった。

イソワの発明は、機械的構成の詳細は省略するが、原理的には、第二段ロールの片面（糊付けする面と反対の面）に空気を吸引する函を設け、第二段ロールの上部の空気を抜いて函内を負圧（大気圧より低い気圧）にして、つねに中芯紙を第二段ロールにひきつけて離れないようにして、問題を解決したのであった。

フィンガレスとかノン・フィンガーなどといわれるこの発明は、発明とはつねに解決手段を聞くと何故そんな簡単なことを業界の技術者が思いつかなかったのか、と思われるようなものだが、イソワの技術開発力を世界の段ボール機械業界が認めるに至った発明であった。私の記憶に間違いなければ、この発明のアメリカ特許をイソワはコッパース社にライセンスしたはずである。あるいはライセンスしたのは別の発明の特許だったかもしれないが、ある時点で、イソワの技術開発力はコッパース社を追い越し、その先を行っていたのであった。

このフィンガレス・シングル・フェーサーの発明は日本だけでなくヨーロッパのドイツ、オランダ、英国等、それにアメリカ、カナダ等、世界の主要先進国のすべてに出願し、特許されたのだが、審査の過程で、各国の特許庁の審査官に発明を説明する必要を生じ、私共の事務所の宍戸弁理士が磯輪さんと同行、これらの諸国を訪問することになった。諸国には私たちの事務所と提携している特許事務所があり、その事務所を通して出願していたので、事務所との打ち合わせも必要であった。宍戸弁理士は一九三五年生まれだから、磯輪さんよりも七歳ほど年少であった（なお、現在ではヨーロッパ特許条約が締結され、ヨーロッパ特許庁がミュンヘンに存在し、一出願でヨーロッパ諸国の特許をうけることができるので、こうした諸国を各別に訪問する必要はなくなっている）。

宍戸弁理士は、磯輪さんからみればほんの若造にすぎなかった自分を磯輪さんがことごとく立ててくださったのが忘れがたい、という。「立てる」という言葉にはじつに多くの用法がある。夏目漱石の『道草』の、「比田さん比田さんって、立てて置きさへすりや好いんだ」という表現が『日本国語大辞典（第二版）』に用例としてあげられているが、一段高いものとしてとうとぶ、大切にする、といった意味で使うことがある。宍戸弁理士が「立ててくださった」というのはこうした用法である。たとえば、エレベーターに乗るとき、必ず宍戸弁理士を先に乗せて、磯輪さんは後から乗ることとして、宍戸弁理士に、どうぞと勧める。夕食は西洋料理が好いか日本料理が好いか、宍戸弁理士の意向を確かめて、紅花の鉄板焼を予約する。肝心な会議の席では、宍戸弁理士にまず発言させ、ご自分の意見は宍戸弁理士と相談の上でなければ言わない、といったような状態であったという。

これはずいぶんと異例といってよい。旅費、日当、報酬を支払って宍戸弁理士を雇い、旅行しているのだから、そうした費用を負担している磯輪さんが宍戸弁理士をイソワの従業員に準じる立場とみなしてもふしぎでない。それ故、磯輪さんが宍戸弁理士を立てるのとは逆に、宍戸弁理士が磯輪さんを立てる、という状態がむしろ当然と考える経営者、依頼者は決して少なくないはずである。

　もっと驚くべきことは、この旅行中、宍戸弁理士はファースト・クラスで旅行し、磯輪さんはエコノミー・クラスで旅行していたという事実である。ただし、宍戸弁理士のために弁解しておけば、磯輪さんは飛行機も同じ便を使わないことが多かったので、気付かなかったようである。反面、この当時、私の事務所はごく少数のパートナーと称する弁護士・弁理士の共同経営であり、宍戸弁理士はこの少数のパートナーの一人であった。パートナーが海外旅行するときはファースト・クラスを利用することとし、事務所の用事で出張するときは事務所が旅費を負担するが、依頼者の依頼で海外に出張するときは依頼者にファースト・クラスの旅費を請求することとしていた。あらかじめその旨、依頼者に了解を得ていたから、宍戸弁理士は当然のこととしてファースト・クラスを利用したのであった。もし磯輪さんがエコノミーで旅行しているのだと知っていたら、宍戸弁理士もエコノミーにしたにちがいない。ちなみに、中松潤之助先生の没後しばらく経って、当時、事務所の経営は安定していた。現状ではパートナーが増えて、一五、六名ものパートナーがいるので、パートナーでも海外旅行はビジネス・クラスを利用している。

＊

一九九六（平成八）年、株式会社イソワは株式会社ISOWAと商号を変更した。株式会社の商号にローマ字の使用が法律上認められることになったのは二〇〇二年一一月一日の商業登記規則の一部改正以降だから、法律上改称したわけではない。現在はともかく、当時としては、通称として名称を改めたにとどまる。

ローマ字の普及、社会的認知度の広さ、深さからいっても、商号にローマ字を採用することは当然といってよいのだが、磯輪さんは法律改正に六年ほど先行して通称を改めたのであった。磯輪さんの先見性といってよい。

この話をはじめてお聞きしたとき、私は保守的な性格もあり、あまり賛成できなかったが、磯輪さんは思いきった決断を誇らしく思っているようにみえた。私自身は通称と法律上の商号とを併用することは混乱を招くのではないかと考えていた。

そうはいっても、個人的には私はわが国の商号の規定は国際的にみて遅れていると考えている。たとえば、スイスであれば

ISOWA CORPORATION
ISOWA AG (ISOWA AKTIEN-GESELLSCHAFT)
ISOWA S.A.

と英語式、ドイツ式、フランス式に表記したばあい、どれも正式な商号として認められる。しかし、日本では、ローマ字使用が認められるようになったとはいえ、株式会社ISOWAと必ず株式会社を冠しなければならない。英文で表記するとKabushiki Kaisha ISOWAとしなければならない。それ故、海外取引の実状としては、多くの会社が、アメリカ風にXXX Corporation、XXX Inc.というように自己の名称を表記している。かつては英国風にXXX Co., Ltd.というような表記がふつうであったが、最近はこのような表記は好まれないようにみえる。

スイスを除けば、複数の形式で商号を表記することは認めていないかもしれない。だから、わが国でも、つねに株式会社を冠し、海外取引、あるいは海外での法律関係では、Kabushiki Kaishaと書けばよいという主張もありうるであろう。しかし、英語はもちろん、ドイツ語、フランス語と比較しても、日本語ははるかに世界的にみてマイノリティなのだから、グローバルなどと声高に言うのであれば、ローマ字で日本企業を表記することをもっと自由にすべきだと考える。ドイツの企業がXXX AGと表記しても、正確に意味は分からなくても、ヨーロッパはもちろん、中南米の人々もほぼ理解できるのだが、漢字はそうではない。Kabushiki Kaishaとローマ字表記しても理解できない。私は法務省の方々は通商貿易の実情をご存知ないのだと考えている。

この年、磯輪さんは勲五等双光旭日章という勲章をお受けになり、名古屋のホテルで盛大、豪奢なお祝いの会が催された。イソワのような、地味で、つましい会社でもこんな会を催すのか、と私は驚いたのだが、これは業界の慣行に倣ったのであろうと思った。このとき、私は磯輪夫人にはじめてお目にかかった。上品ですぐれた面ざしの夫人が磯輪さんより一歩後にさがった位置に立っておいでになった。長男の磯輪英之現社長からお聞きしたところでは、夫人の生家は磯輪家に比しはるかに裕福で由緒正しい家柄だったが、夫人の側が磯輪英一さんに一目ぼれして結婚なさったのだという。磯輪さんは中肉中背、容貌はととのっているが、必ずしもすぐれているわけではなく、いかにも堅実、真面目そうな方であった。夫人は磯輪さんの容貌に惹かれたわけではあるまい。将来性に富んだ資質を見抜いて、是非結婚したいとお考えになったのだろう。きっとずいぶん聡明な方であったにちがいない。

そういえば、夫人は二〇〇二年三月に他界なさった。私の妻はそれより二年前、二〇〇〇年一月に他界していた。妻が亡くなって間もなく、城山三郎さんから「同憂同愁の士」となったという慰めのお手紙を頂戴した。私は城山さんとは面識がなかったので、そういう手紙をいただくことが非常に意外であったが、城山さんも夫人に先立たれて間もないころであった。それだけ、細君に先立たれた夫の寂しさを知っていたので、そんな手紙をくださったのであろう。私は磯輪夫人他界の報に接したとき「同憂同愁の士」という言葉を思いだして、磯輪さんの心情、心境に同情すること切であった。

＊

磯輪さんは二〇〇一年に社長を退任、長男の英之さんが社長に就任なさった。その後、会長、相談役、顧問といった肩書で徐々に実務をご子息に任せるようにしていった。

社長を退任なさってから四年後の年末、納期が到来した機械があった。一応、注文の仕様どおりに製作されていたはずだが、試験運転の結果注文主からいろいろと思いがけぬ苦情が出て、その機械をひきとらない、明年三月までに完全なものに改修できたら、あらためて納品してもらう、ということになった。

たしかに注文主の不満、苦情は、もっともであり、その苦情、不満に応えるように改修すれば装置は一〇〇%機能を発揮できることとなるが、改修しなくても使えないということではなかった。しかし、三月末日までに改修するよう指示されれば、それに応じざるをえなかった。二〇〇一年の大晦日の出来事であった。

翌年一月二日、会社に出勤すると、その問題の装置にしめ縄を巻いた写真を中央に、その上に「入魂」と書き、写真の下に「平成18年1月2日」「相談役」と自署したポスターのコピーが現社長をはじめ、当該装置の製作に関係した技術者全員の机に配布されていた、という。

まあまあ、一応仕様書に合うのだから、注文主はひきとってくれるだろう、といった機械を引渡すつもりでいた関係社員の方々に磯輪さんとしては、我慢がならなかったのだろうし、そうした事態を自ら恥じ入ったのであろう。その姿勢の厳しさに関係者は慄えあがったという。機械装置を製造するには各自がその「魂」をこめて精一杯努力しなければならない。おそらく、それがイソワを業界で世界屈指の企業とした精神だったにちがいない。この「入魂」という言葉こそ故磯輪英一さんの志を象徴するものと考え現社長の磯輪英之さんはこの遺志を社員、関係者に伝えるため、自筆のポスターに若干のレイアウトを加え、中央にしめ縄を張りめぐらせた問題の機械の写真を、その上に「入魂」の文字を、その下に二段に「平成18年1月2日」「磯輪英一」の文字を、インクジェットで印刷し、その表面を透明な樹脂で塗装したステンレス板を、二〇一五年、会社の玄関ホールに設置した、という。

＊

その翌年、私共の事務所の富岡弁護士が担当していた職務発明の事件が解決した。五二件の特許を出願し、その中一八件は特許が許可されている発明の発明者が、退職後になって、その対価を請求して、日本知的財産権仲裁センターに仲裁を申立てたのが前々年、二〇〇六年であった。

会社員が職務上した発明を会社に譲渡したばあい、会社は職務発明の対価を支払うことと特許法に定められている。中村修二さんの青色ダイオードの発明について中村さんが勤務していた日亜化学工業は、最終的に、東京高裁の判決により八億円余を支払ったことから、職務発明の対価が脚光を浴びることが多くなった。私はこの事件の東京地裁の判決はもちろん、東京高裁の判決も裁判官の世間知らずによるものと考えており、世間知らずの裁判官の誤解を正すことがいかに難しいか、を知っているつもりだが、その後は、特許法の問題の規定も改正され、会社側はよほど防禦しやすくなっているし、さらに再改正もされるようである。この事件は改正前の特許法が適用される時期の発明に関係していた。

発明者は自己の発明の価値を過大評価しがちであり、会社側は過小評価しがちである。たとえば、ある発明を商品化して会社が利益をあげたばあい、利益の相当部分は発明者に還元されるべきだと発明者は考える。会社としては、発明されるまでに会社に蓄積されていた技術があったからこそ発明されたのだし、商品とするためには製造技術の開発も必要であり、商品として利益をあげるには宣伝、広告から営業努力等のすべてが結集した成果が利益であり、発明者の貢献はほんの一部にすぎない、と考える。一〇〇人ほどの研究者を雇用している某会社の研究所から、商品化されるに至った製品は五年、一〇年にわたって一二件しかなかったが、その間会社は研究所を維持し、研究者に給与、賞与を払い続けた、という例を聞いたことがあるが、こうした例は決して稀ではない。

イソワの事件のばあい、会社側は四、五〇〇万円が相当と考え、元社員は億に近い数千万円が相当と考えていた。

何回か調停人の弁護士と弁理士の二人が双方を説得し、一〇〇〇万円と二〇〇〇万円ほどにまで違いは小さくなったが、そこで行詰った。旧社員の主張はもう論理の問題ではなかった。感情問題になっていた。イソワに勤務していた時代のいろいろな事柄をもちだしたりして、歩み寄る気配がなかった。富岡弁護士は当時会長か相談役であった磯輪英一さんに一度調停の席に顔を出していただいたらどうか、と考え、その旨お願いした。磯輪さんはこころよく出席を承諾してくださった。

その調停の部屋で顔を合わせ、磯輪さんは何か一言、二言、元社員とお話しなさった。調停が開始されると、ただちに調停人が示した一一〇〇万円余という金額を元社員は受け入れ、和解が成立した。和解の成立はひとえに磯輪さんがわざわざ出向いてくださった結果としか考えようがなかった。

現社長の磯輪英之さんのお話では、父には私心というものがまったくありませんでした、それに父は社員に対する面倒見のいい人でした、という。身内がみても磯輪さんには私利私欲がなく、公平であることと思われたのだから、社内でも磯輪さんがそういう人格であることは周知されており、そのために人望もあり、社員からの信頼も篤かったのであろう。

磯輪前社長がおいでになった以上、金額についてこだわるのは、自分の側の私欲だ、と元社員は考えたのではないか。磯輪さんに対する敬意と信望を目のあたりにする思いがした、と富岡弁護士は語っている。

＊

磯輪さんは私を訪ねておいでになると、納得するまで、質疑応答した上で、ご一緒に東京会館のメイン・バーへ行き、お昼にクラブハウス・サンドウィッチを召し上がるのがつねであった。東京会館のメイン・バーのクラブハウス・サンドウィッチは私も好きだし、誰もが美味しいという。一方で、磯輪さんは同じ東京会館でもプルニエという魚料理中心のレストランやロッシーニという肉料理中心のレストランで昼食をとる、といったことはなかった。そんなつきあいだったので、私は磯輪さんの誠実な人柄にふれることをいつも愉しみにしていたが、これといったエピソードを直接経験したことは少ない。

＊

私共の事務所がイソワからおひきうけした特許出願について事務所が間違いをおかしたことがあった。私は、人間は間違いをおかす動物だ、と思っているから、間違いは避けられない、と考え、事後、どう始末するかが問題だと考えている。ただ、先進諸外国の法制度や慣行では間違いをおかしても必ず救済する方法が設けられている。わが国では、そうした救済の方法がない。特許庁の側が間違ったときだけ、間違いを正す方法が定められている。まことに不都合だが、これがわが国の実情である。

ところで、間違いをおかした以上、謝罪のために私の事務所の機械関係の部門を担当するパートナーである弟子丸弁理士と富岡弁護士とがイソワを訪問した。現在イソワの本社は愛知県春日井市にある。事情をご説明し、社長に謝罪し、知的財産部長に謝罪した。社長はともかく知的財産部長は、当然のことだが、激怒なさった。

そうした状況のところへ、相談役の磯輪さんが顔をお出しになった。また、二人はこんな間違いを、こんな事情でおかしてしまった、とご説明した。磯輪さんは、ああ、そうですか、これまで長年おたくの事務所にはお世話になってきました、今後も是非よろしくお願いします、と言って一言も咎めるような言葉がなかった。

弟子丸弁理士は、これほどに私共を信頼してくださっているのか、と思い、この信頼にお応えするような仕事をしなければならない、と身がひきしまる思いがした、という。叱責されるよりもよほどわが身にこたえました、と話している。

磯輪さんは高邁な理想をおもちなわけではない。まことに堅実な現実主義者である。しかし、じつに稀有の人格の持主であった。

*

かつて、いまは中津川市に編入された馬籠の藤村記念館を見物したいと計画し、日帰りはたいへんなので、前日、名古屋に一泊することとし、亡妻と一緒に出かけた。たまたまその計画を磯輪さんにお話しする機会があった。その夜の夕食に招待したいと言ってくださった。

私共は、その夜、超一流の料亭に招かれ、心のこもったおもてなしをうけた。亡妻は、その後もしばしば口にしていたことだが、磯輪さんの人柄に心から魅了された。

ところが、現社長の磯輪英之さんのお話では、たとえば私の事務所においでになるとか、その他いろいろな用事で東京へおいでになる機会があるが、自宅のある名古屋と東京の往復にグリーン車をお使いになったことはない。現在はヨーロッパやアメリカの各地に支社や事務所をもっているので、商用のために海外旅行をすることも多かったが、飛行機はいつもエコノミー・クラスであった、という。

磯輪さんは決して吝嗇だったわけではない。そのことは私共夫婦を超一流の料亭にお招きくださったことからもはっきりしている。勲章受章のパーティの豪華さも決して費用を惜しんでいなかった。磯輪英一さんは合理的精神に徹した方であった。私のような贅沢好きな人間には真似のできない方であった。

こまやかな心遣いや卓越した経営者、技術者としての能力を思うと、私は磯輪さんの死を無念に思う気持が切である。

松田耕平

松田耕平さんは失格経営者として当時の東洋工業株式会社、現在のマツダ株式会社の社長職からの退陣を余儀なくされた方である。彼の経営手腕の不手際により辛酸を嘗めた方々も多いにちがいない。しかし、私にとっては、私の生涯をふりかえって、好ましく、愛すべく、懐しい人々の中でも、屈指の方である。松田耕平さんは表裏のない人であった。社外の方々に対してはともかく、いわゆるワンマン社長だったから、感情をすぐに表情にあらわし、感じたり、考えたりしたことをあからさまに発言し、社員を怒鳴りつけることもしばしば見聞きした。その反面で、人なつこく、駄々ッ子のように純真で、人に縋るような面もあり、信頼したら、信頼しきるといった性格であった。私はそうした信頼をうけた少数の人々の一人だったらしい。これは耕平さんが亡くなった後、松田家を弔問のためお訪ねしたとき、夫人からお聞きしたことである。

当時の東洋工業、現在のマツダを以下マツダとよぶことにするが、松田耕平さんの希望したように、マツダが自主独立路線を貫くことは、当時の弱い財務体質からみて、よほど卓越した経営手腕を必要としたにちがいない。耕平さんが退陣を余儀なくされたのは、それだけの手腕がなかったためだろうし、住友銀行その他から信頼されていなかったためであろう。フォードがマツダからすっかり資本を引上げた現在、マツダの経営が上向いているのは現在の経営陣が高い能力をおもちになっているからにちがいない。ただ、耕平さんのために弁解すれば、能力が発揮できるかどうかも時機に恵まれるかどうかで左右される。変動相場制への移行、排ガス規制等、耕平さんの野心の実現は時機に恵まれなかった。私は耕平さんの自主独立路線を貫こうとした志に共感していた。そうした共感をもっていたから、耕平さんとしても私に好感をもってくださったのかもしれない。

耕平さんの回想はトマス・フィールド弁護士と、フォードとの第一次資本提携交渉の当時、調査課長であった前田市郎さんの思い出と分かちがたく結びついている。前田さんは、その後、東京支社長、専務取締役まで昇進した後、退任したが、耕平さんの下で、緻密で堅実な部下であった長網良昌さんらに助けられながら、実務を担当し、私と苦楽を共にしたので、私は戦友に似た感情をもっている。前田さんは剛毅にして誠実、有能であるばかりでなく、ユーモアを解し、全幅の信頼を置ける方であった。フィールド弁護士については随時ふれるであろう。

*

一九七〇（昭和四五）年一〇月、私ははじめて広島を訪れた。フォードとの資本提携交渉について、マツダから協力してほしいという依頼をうけたためであった。それまでマツダはローガン・岡本・高島法律事務所に渉外関係の事件について相談し、代理を依頼していたが、同事務所がフォードを代理することとなったので、別に弁護士を必要とすることとなり、私が推薦されたのであった。

私を推薦してくださったのは内藤頼博先生である。内藤先生はわが国の家庭裁判所の事実上の創設者であり、名古屋高裁長官を最後に退官、弁護士をなさっていたが、多摩美大の学長もおつとめになり、後に学習院院長もなさったはずである。信州高遠藩主の第一四代目の後裔にあたり、容姿は端正、音声朗々、惚れぼれするような紳士であった。内藤先生とは私は中松潤之助先生をつうじ面識を得ていたが、どうして私を推薦してくださったか、その理由を私は知らない。

一方、トマス・フィールド弁護士は、松田耕平さんがアメリカ人の知己の推薦で依頼した弁護士で、ウェブスター・シェフィールドという、今は消滅した、ニューヨークの中規模の事務所に所属していた。彼は同事務所の老練なヒチコック弁護士とともに、私より早く広島に到着していた。

滑稽なことだが、広島で当時もっとも格式が高かったのはグランド・ホテルであった。マツダではグランド・ホテルにフォードの人たちが宿泊するので、同じホテルに私たちが宿泊するのはどうかという配慮から、ステーションホテルを予約していた。しかし、ステーションホテルは設備、サービスが良くなかったので、私たちは一両日中にグランド・ホテルに移ることとした。

*

私たち三人の弁護士と松田耕平さん以下の会社の方々との最初の顔合わせ、打ち合わせは、いうまでもなく、フォードとの交渉開始に先立って行われた。松田恒次社長が同席なさっていたような朧気な記憶もあるが、はっきりしない。恒次社長が急逝し、耕平さんが社長に就任した前後であった。

耕平さんは、開口一番、盗聴防止の装置はとりつけてあるか、と質問した。私はフォードがマツダの会議の模様を盗聴するなどということは夢にも考えていなかったので、耕平さんの発言を呆気にとられる思いで聞いた。

「やつらは何をやってくるか、分らんぜ。もし盗聴されたらどうもならんげな」

といったことを広島弁で喋った。前田さんがいそいそと立ち上って、準備万端、ととのっており、手ぬかりはない旨を報告した。前田さんは神戸大学卒業、広島銀行に入行したが、退社してミシガン大学に留学、帰国してマツダに入社した。おそらく学徒出陣で入営、ロシアに抑留された経験があり、軍隊口調ともとれるような、てきぱきした物言いをなさる人であった。私より数歳年長のはずだが、マツダでは留学経験を重んじてはいなかったためであろう、入社の序列によって一課長として待遇されていた。耕平さんと前田さんの間には重見さんという通産省出身の役員がおいでになったが、ほとんど発言なさらなかったし、実務も処理しなかったので、指令はじかに前田さんがうけて、地位は一課長にすぎない前田さんが万事を処理していた。そういえば広島の弁護士那須野徳次郎さんは弁護士登録して数年、マツダに勤務していたが、弁護士として格別の処遇をうけていなかった。新入社員と同様の待遇だったのを気の毒に思ったことがある。それがマツダの当時の社風だったのかもしれない。

耕平さんがその席で力説なさったのは、何としても、フォードに経営権を奪われるようになる契約は回避したいので、法律論を工夫してもらいたい、ということであった。世上どのように伝わっているか、真相がどういうことか、私が責任をもって言うことはできないが、マツダとフォードとを提携させることによって、マツダの財政を健全化して、同社に対する住友銀行の債権を保全する、ということが、この交渉の真の動機であった、と私は理解している。もちろんフォードとしても資本提携に魅力をもっていたが、そのようにフォードに働きかけたのは住友銀行であった。

債権の保全は銀行の立場としては当然の方針である。だが、債務があるからといって、銀行の好きなようにされては困る、というのも、債務者の意地である。とはいえ、住友銀行がマツダの将来について危機感をもったのも当然かもしれない。手許にある『東洋工業五十年史』は一九二〇（大正九）年の創業以降、まさにフォードとの資本提携交渉がはじまった一九七〇年までの間のマツダの社史であり、マツダ、当時の東洋工業株式会社が一九七二（昭和四七）年一月、発行している。

この『東洋工業五十年史』の記載によれば、一九七〇年五―一〇月期において流動負債一八八億円余、固定負債一三〇五億円余、これに対し資本金は二五七億円余である。この中、固定負債の中心は長期借入金である。私が経営者であったら、毎晩眠れないことになると思われるほど巨額の長期借入金である。試みに、かりに金利が五%としても年間六五億円を超すし、三六五日で割ると、一日あたりで一七〇〇万円を超すことになる。金利を八%とすれば、年間一〇四億余となり、一日あたり二八〇〇万円を超す金利を支払わなければならない。

佐藤正明『自動車 合従連衡の世界』（文春新書）によると、「マツダの借入金は七五年二月から十二月末にかけて三千五十八億円から三千二百四十四億円に増えた」とあるので、『東洋工業五十年史』の記述以降も借入金が増え続けたようである。七五年当時を概算で三〇〇〇億円とし、金利を八%とすると、年間二四〇億円の金利を支払わねばならない。これは一日平均六六〇〇万円弱になる。

私からみると、貸主は手を拱いていて儲かり、借主は汗水たらして儲けた金をそっくり、ないし大部分、貸主に支払わなければならない。借金ほど怖ろしいものはない。マツダの社員は、住友銀行のために働いているようなものだし、稼ぎが足りないと、破綻して職を失うことになる。もっとも銀行としてもこれだけ巨額の貸倒れが生じるのは防がねばならない。

松田耕平さんがフォードに経営権を渡したくないと発想したのは、むざむざと住友銀行の軍門に降り、社員がフォードのために働くことになる、といった事態は何としても避けたい、という意気ごみであり、意地であったのではないか。

フォード側の交渉者は担当のスコット副社長と法務部長格のキャンベル弁護士であった。アメリカの会社では弁護士の地位が高い。筆頭の社内弁護士は社長に次ぐ権限をもっているのがふつうである。高島弁護士も当初出席したが、発言することはなかった。その後はいつも欠席していたように記憶している。フォードのスコット副社長は機智に富んだ、頭脳明晰な方であった。あるとき、彼が新聞記者に囲まれて、交渉妥結の見通しはどうか、と質問されているのに出くわしたことがあった。彼は「「有能な交渉者はつねに楽観的でなければならない」というからね」と答えた。印象ふかく、教訓に富む格言であった。

＊

私はマツダの仕事をするようになって知ったのだが、自動車会社とは、エンジン、車体、足まわりといわれる機構を別とすれば、サプライヤーといわれる多くの下請の部品メーカーから供給される部品を組立てて自動車にする、組立が製造工場の主たる仕事であるということであった。それだけサプライヤーという裾野の広さ、サプライヤーの技術力、生産力に負うところが多い。トヨタのいわゆるカンバン方式もこうしたサプライヤーの技術力、つよい財務基盤によってはじめて成り立つ方式だろう。こうしたサプライヤーたちがトヨタの業績を支えているはずである。

他面、自動車産業を支えるのはディーラー・ネットワークといわれる販売業者群である。トヨタ、日産のような先進自動車会社は強力なディーラー・ネットワークをもっている。マツダのような後進の自動車会社はディーラー・ネットワークを自らつくりあげなければならないのだが、進んでマツダの車を販売するために出資し、会社を組織して、販売網の一環となろうと希望する有力な資本家は乏しい。そんな資本家はとうにトヨタか日産のネットワークに入っている。だから、有能そうな方があれば、資金がなくても、販売会社をつくってもらうこととなり、このようなばあい、ふつう資金はマツダが保証して銀行から借入しなければならない。これではマツダのディーラー・ネットワークがトヨタ、日産等に対等に競争することはきわめて難しい。

また、自動車の価格にしてもほぼ同じである。年間五〇万台しか売れないメーカーが二〇〇万台売れるメーカーと競争力ある原価で自動車を製造することができないことは目に見えている。

長いフォードとの交渉の過程で、いつか前田さんが、年間一〇〇万台を超す台数を売れるようにならなければ、市場に生き残ることは困難でしょうね、としみじみ語ったことがある。『東洋工業五十年史』によれば、当時のマツダの販売台数は年間四四万台程度にすぎなかった。

マツダとフォードの資本提携交渉は前述した財務状態に加え、そんな営業上の苦境の中ではじまったのであった（なお、現在、マツダの年間販売台数は一五〇万台をゆうに超えているという。私は現在のマツダの経営陣に心から感嘆している）。

*

フォードとマツダとの第一次資本提携交渉が二、三年もかかって、決裂に至る、というほど時間を要したのは何故か、考えるとふしぎな感じがする。もちろん、併行してクーリエといわれる小型トラックの販売契約の交渉が行われていたことによるのだが、それだけではない。

決裂したこと自体はフォードの支配下に入ることを嫌った松田耕平さんの意図にしたがい、耕平さんの意図を実現するため、耕平さんをはじめ、前田さん以下の社員の方々、フィールド弁護士をはじめとする私たち弁護士が努力した結果であって、これもふしぎなことではない。問題はどうして二年も、三年もかかったのか、にある。一つには住友銀行に対する関係で熱心に交渉しているという態度を示す必要があったが、それだけではなかった。

フォードの要求は、当初二〇％の株式を取得し、三五％まで持株を増加することができる選択権をもつということであった。常識的には株式会社を支配するには過半数の株式を所有しなければならないはずだが、実情は三五％の株式を所有すれば会社を支配できる。この選択権をもたなければ、フォードは二〇％の少数株主に甘んじていなければならないから発言権にかなり限界がある。三五％の選択権はフォードとして譲れない要求であった。

それだけの交渉であれば数日の交渉で結論が得られるはずだが、そうはならなかった。

フォードが提示した契約書案は、日本における契約書と違って、複雑多岐、数百頁に及ぶものであった。その条文の各条が他の条文と関連し、一条修正すれば、それが他の条文の修正に及ぶので、一条の修正の合意も決して容易でない、といった性格のものであった。

しかも、契約には日本の法規、アメリカの法規、日本の通産省による外資に対する多くの規制が関係していた。耕平さん以下のマツダ側が協力的であれば、そうした法規制に合致するような方策を見いだすことが必ずしも難しくはなかったかもしれない。しかし、私たちはまったく非協力的であった。

また、フォード提案の契約書案には各条に陥穽が潜んでいるのではと思われるほど、明晰でない、悪文であった。いま、私はこの悪文は、フォード側の悪意によるものではなく、担当弁護士の文章表現力の拙劣さによるものではないか、と考えているが、当時は、私たちはフォードの姿勢に疑心暗鬼であったから、一条ごとに問題を討議しなければならなかった。

こうして、広島、フォード本社所在地のデトロイト郊外のデアボーン、ニューヨーク、東京などに転々と場所を移し、数ヵ月ごとに、二週間から三週間ほどの交渉の機会をもつこととなった。甚だしい事例としては、心臓発作のため入院中のフィールド弁護士の病院で交渉したこともあった。

耕平さんはこれらすべての会議に出席した。紺屋逸治さんというマツダの調査課に属する通訳が同行した。紺屋さんはアメリカ育ちで、英語は上手だったし、穏やかな人柄であった。しかし、複雑な法律関係の問題になると、問題が理解できなかったから、通訳できなかった。そういう問題について、通訳し、その法律的意味を説明するのが私に与えられた役割であった。

この交渉をつうじて、私の英語のリスニング能力は、それ以前と比べて、飛躍的に向上したし、アメリカ人の弁護士間の討議を聞くことによって、アメリカ人弁護士の好む言いまわしや表現も憶えた。私はマツダから報酬をいただきながら、私の英語力を進歩させることができたわけである。

耕平さんは議論の問題点を完全に理解できなければ気がすまない方であった。フォードとの交渉にさいしては、耕平さんと私をまじえたマツダの社員の方々との打ち合わせがあり、ひき続き、フィールド弁護士をふくむマツダのアメリカ人弁護士との打ち合わせがあった。その上で、ようやく交渉の席につくのだが、一日の交渉が終ると、マツダ側のアメリカ人弁護士との総括があった。アメリカ人弁護士の説明は、交渉の前も後も、当然アメリカ法を前提とした説明になるので、耕平さんはじめマツダの社員の方々には理解が難しかった。そうした問題をかみくだいて説明し、解釈して、耕平さんに納得してもらうのが私のつとめであった。耕平さんは私の説明、解釈、マツダが交渉にさいして採るべき方針の妥当性を聞くまで、納得しなかった。それほどに私を信頼してくださったともいえるのだが、ことは日米両国の法律、規則、実務慣行にわたるので、私自身をふくめ、誰にも充分な理解は容易なことではなかった。

交渉がアメリカで行われるときは、朝食から夕食まで、一日が終るのは夕食がすんだときであった。しかし、紺屋さんら二、三のマツダの方々は夕食後も耕平さんの部屋で、耕平さんが眠気を催すまで、ビールのお相手をさせられたという。

耕平さんは、そんなわけで、資本提携交渉において議題となる問題をつぶさに理解していた。それだけに交渉を他人任せにしなかった。度量が狭かったともいえるし、一課長にすぎない前田さんを別とすれば、人材に恵まれなかったともいえるかもしれない。交渉決裂の責任は、それが耕平さんの望んだところであったとはいえ、当然耕平さんが全面的に負わなければならなかった。

ただ、資本提携交渉は決裂したが、小型トラックの販売契約は締結された。この取引はフォード・マツダの双方に利益をもたらすものとなった。

＊

こうしてマツダは自主独立路線を維持することになったが、経営は悪化の一途を辿った。耕平さんはロータリー・エンジン技術に期待していた。ロータリー・エンジンはヨーロッパでは発明者の名をとってワンケル・エンジンと称するのがふつうだが、ワンケル博士の所属するNSU社が商業化したワンケル・エンジン搭載車は故障が多く、非常に評判が悪く、たちまち生産が打ち切りになった。これに反し、マツダのロータリー・エンジンは山本健一さんを筆頭とする技術者群の工夫で、実用化の方式が違い、信頼性が高く、ことにドイツ、スイス等でマツダ車は技術力の高さによる信頼性が高く、評判も良く、マツダ車の売行もこれらの諸国で順調であった。

松田耕平さんはロータリー・エンジン技術をフォードに売りこむことによって起死回生をはかろうとした。排ガス規制とロータリー・エンジン技術がどういう関係になるのか、私には技術的知識がないが、ロータリー・エンジンはNOx（窒素酸化物）の排出量が少ないので、規制に対応できる、といわれる。当時私が聞いた説明はかなり曖昧なのだが、耕平さんはフォードのヘンリー・フォード二世とじか談判することとし、極秘の会合を設定した。一九七三年の冬のように思うが、この記憶も確かではない。

場所はアリゾナ州トゥーソンであった。トゥーソンには大学もあるが、メキシコ国境に近い避寒地のようである。トゥーソン郊外に宏壮なホテルがあった。中央の建物にオフィスとレストランがあり、周辺の林の中に十数棟の別荘風のコテージがあった。各コテージに六、七寝室があり、炊事もでき、食堂もあったようだが、客は通常、中央の建物のレストランを利用していた。

フォード二世はデアボーンから自家用機で到着、一泊して朝食をとるために、レストランに入っておいでになった。耕平さんはじめ私たちは、その前からレストランで食事をしていた。すると、老婦人がフォード二世に向かって、「まあ、ヘンリー、お前、こんなところで何をしているの」と語りかけた。老婦人はフォード二世の母堂であった。まったく場違いな場所で出会ったことに驚いたご様子を、私はありありと憶えている。フォード二世がへどもどしながら、何やら弁解なさっていたことも印象的であった。

これは松田耕平さんがロータリー・エンジン技術を梃子に再建をはかろうとした試みの一つであったにちがいない。しかし、耕平さんの手で再生の目途は立たなかった。

＊

前掲『自動車 合従連衡の世界』に次の記述がある。

「マツダは七四年十二月二十五日に開いた決算役員会で住銀と住友信託から出向してきた花岡信平と中村和夫の二人を常務に引き上げる一方、耕平体制を支えてきた松田家の番頭ともいうべき副社長の竹林清三、専務の山本義武、常務の吉川定、河野良雄の更迭を決めた。そして社長の耕平、住銀から出向してきた副社長の村井勉に次ぐ、ナンバー3の専務にコストコントロール部担当常務の山崎芳樹を昇格させる人事を内定した」。

次いで七七年、「十二月下旬に開かれた決算取締役会で耕平の代表権のない会長就任と専務山崎芳樹の社長昇格が決まった」。

この時期、住友銀行から部長、課長級の人々が枢要なポストに相当数送りこまれていたように憶えている。「住友銀行から出向した人たちは廊下を歩くより走るように働いているので驚きます」といった噂を聞いたことがある。

住友銀行の行員は忙しく、ひどく勤勉に働くことに定評があった。マツダの社員と大学同期の住友銀行の社員が上役として赴任してくる事例も少なくなかったそうである。

しかし、はたして住友銀行が中心となってマツダを再建するつもりがあったのか、私は大いに疑問をもっている。つなぎの経営をして、破綻を防ぎつつ、提携先を探していたのではないか。

ある日、住友銀行から出向していた峯岡弘常務が私を事務所に訪ねておいでになった。そして、峯岡さんはこう語った。

「これは住友銀行のトップの他は、マツダでは社長と私しか知らないことですから、そのつもりでお聞きください。今回、住友銀行としてはマツダをフォードと資本提携させ、フォードに支配権をもたせることにしました。今回は前回と違って、絶対に提携契約を成立させなければならないのです。そういうつもりで是非ご協力ください」。

やがてフォードとの第二次交渉がはじまった。マツダ側の代表は住友銀行の巽外夫副頭取で、発言のほとんどは巽さんがなさった。峯岡さんは補佐役のようなかたちで付き添っていた。交渉の場所は東京タワーに近い、私がはじめて名を聞いたホテルであった。住友銀行の方が通訳なさった。私は契約の文言について、交渉の過程で、若干の意見を峯岡さんに申し上げたように憶えている。峯岡さんはたいへん歯切れのよく、決断も早い立派な方であった。しかし、はじめから、絶対に決裂はしないという方針で望むのだから、これは交渉といえるものではなかった。形式的に巽副頭取といった方がマツダ側の代表として出席し、恰好をつけたにすぎなかった。

私は非常に空しい気分で、ほとんど交渉を傍観しているにすぎなかった。もちろん、マツダ側にアメリカ人弁護士は同席していなかった。

＊

耕平さんは代表権のない会長から相談役といった肩書を与えられたようだが、それもいつまで続いたか、私は知らない。むしろ、その時点から広島カープ球団のオーナーとして熱心に情熱を傾けていたようである。

あるとき、広島カープ球団の顧問の竹井恒夫弁護士を連れて、わざわざ私の事務所においでになったことがある。竹井弁護士に私と面識を得させておきたいというお考えのようであった。私は耕平さんがそういう労をとってくださったことをうれしく有難く思った。

広島カープがドミニカ共和国に野球教室を作った。これは現在まで続いている。カリブ海諸国には将来メジャー・リーグで活躍できるような少年たちがごろごろしている。そういう少年たちを育てて、うまくいけばカープなり、メジャー・リーグに売りこむのだ、といった発想を耕平さんはおもちであった。ユニークで興味ふかい発想である。そういう野球教室から、カープを経てメジャー・リーグに移った選手は相当数あると聞いている。しかし、こうした夢をもつことができる人は稀だと思われる。

ところで、私は一九七九（昭和五四）年ころからセントラル野球連盟（セ・リーグ）の鈴木竜二会長に依頼されて、セ・リーグの顧問弁護士をしていた。鈴木さんはお若い頃は剃刀《かみそり》竜二といわれた切れ者だったそうだが、私がお目にかかったころはかなり老耄なさっているようにお見うけした。鈴木さんが亡くなると川島廣守さんが会長に就任なさった。機会があれば、川島さんについても別に書きたいと思うが、川島さんからは法律問題に限らず、じつにさまざまの事柄について毎週何日かご相談をうけていた。

やがて一九九八（平成一〇）年、川島さんはコミッショナーに選任された。それでも、セ・リーグ会長時代と同じく、日常的に私に相談をかけてくださっていた。そのことがオーナー会議で問題となった。どういうきっかけで問題とされたのか知らないが、松田耕平さんが発言し、中村弁護士がコミッショナーの顧問とセ・リーグの顧問とを兼ねるのは、利害関係が抵触するおそれがあるのではないか、ということであったそうである。

その結果、私はセ・リーグの顧問を辞任し、コミッショナーの顧問となった。おかげでコミッショナー事務局の方々をはじめ、多くの方々と知り合い、プロ野球界に通暁することとなった。考えようによっては、耕平さんは一見私を批判したようにみえるが、じつは私をひきたててくださったのかもしれない。

その後、私は耕平さんの噂を聞くこともなくなり、突然、二〇〇二年七月一〇日に逝去なさったという報道に接したのであった。さまざまな感慨に私はひたっていた。用事があって葬儀に出席できなかったが、その後間もなく、弔問に松田家を訪ね、夫人と耕平さんについてしみじみ話し合ったことも私にとって忘れがたい思い出である。

高原紀一

「ひどい大粒の雨が大地を叩き始めた。雨は、駿河台を通つて聖橋を抜ける通行人のやうに、みる／＼橋上の床を濡らして行つた。白い舗道が雨に洗はれて行くのは綺麗だつた。ニコライ堂のドームにも雨がしぶきを上げて、鋭い尖塔さへも柔らかく濡れてゐた。その豪雨の中に玲介は突立つてゐた。帽子から伝つて来る雫が遠くを凝視してゐる玲介の頬を濡らした。頭の先から足の先迄、雨にぬれながら彼は歩き出した」。

これは私の中学校の同級生高原紀一が三年生のときに、学校が年一回発行していた校内誌『開拓』に発表した小説「聖歌」の冒頭である。いま読みかえしてみて、つくづくと達者な情景描写だと思うけれども、はじめて読んだときには、小説はこのように書きはじめなければならないと思い、うちのめされたように感じた。

少し読み進むと、次のような主人公の感想が記されている。

「凡そ若い人々には二つの時機が待つてゐると玲介は信じてゐた。自分の小さい世界に閉ぢ込められてゐる頃、その涯に新らしい転換期が控へてゐる。其の時、人々は、生の歓びを味はひ、新しい自己の成長を逞しく感じる。雪解けの頃から顔を出す芽が、やがて来る春を待つやうに、自然の流れは人々の或る時機に、此の新らしい展開をひたひたと持つて来る。それでこそ春が来た時には芽は力強い成長を示し、やがて花を結ぶのだ。が、花は枯れる。そして静かに自分の子孫の為に準備を始める。若い人々が静かに自己の生涯に向つて眼を向け始めるのは此の時だ。此の間の或は長く、或は短い期間に若い人々の内部に、苦悩と歓喜が交錯する。社会に対する懐疑、美への憧憬、新しい世界への理想――夢――さうだ、夢と現実の衝突なのだ。自然は無限に通り過ぎる。或はかすかに成長を感じ、或は劇しくそれを感じる芽があるだらう」。

なるほど、小説とはこうした人生に対する省察をふくみ、こうした省察にもとづいて物語が展開し、人生が語られなければならないのだ、といった啓示に私は衝撃をうけた。

この小説は語り手である玲介の友人が遺言とも手記ともつかない手紙を残して自死したことを記し、それはその友人が劇しい性格をもち、空想的で奔放な性質をもっていたためだと感じていた玲介は、友人の死に譬えようのない苦痛をうけていた。

その友人の自死の原因については、孤独のためなのか、父親との確執のためなのか、必ずしも説得力をもって描かれてはいない。

小説の最後で、玲介は自死した友人竹田について、こう書いて結んでいる。

「竹田君――君は幸福だつた。母に死なれ、父に死なれ、故郷に見捨てられはしたけれど、信者のやうに純な気持で死んで行つた。君の生涯は余りに詩的だつた。感受性の烈しい君の性格が、折に触れ、時につれて、荒れ狂ひ、やっと自殺といふちつぽけな安息所を見出したのだ。僕は君を死なしたくなかつた。僕こそ先に死ぬ所だつた。君は知らぬが僕の心の方が、君の心より更に不幸な、更に悲しい事実で一ぱいだつたのだ。君はもう居ない――。僕はもう死ねない。しつかりと大地を踏んで立つ事が出来さうだ。生きるのだ。生きるのだ。

玲介は立ち上つた。一歩一歩踏みしめるやうに聖壇に向かつて進んで行つた。

「光の中にペテロ立ち上りぬ――。」

頭の上でかういふ様な声を聞きながら玲介は膝まづいてゐた。烈しい感動が心を満した。

突然右手の白い制服を着た聖歌隊が合唱を始めた」。

私たちの母校、東京都立五中（現小石川高校）は一年から五年まで級の編成替えがなかった。だから、私は一年に入学したときから高原と同級だったし、親しい文学好きの仲間だった。私は高原がこんな小説を発表したことを知り愕然とした。思春期から青春期への移行期の夢と悩み、父子間の対立、生死について、これほどに彼が考えつくし、小説にすることができるとは、予想していなかった。私はこれほど深く人生を考えてもいなかったし、まして小説に仕立てることなど到底できない、といった劣等感にさいなまれた。

私たちの級の国語の担任であった佐藤信保先生が「高原君の小説は、高原君が将来小説家になっても処女作というにふさわしい作品だ」と授業時間中、級の全員に向かって、そう言って褒めてくださった。私も同感せざるをえなかった。

佐藤信保先生については『私の昭和史』に記したが、春風駘蕩たる風格をおもちであった。東大文学部を卒業後、三重県立津中学校教諭を経て、一九三四（昭和九）年府立五中に赴任、私たちの卒業の前後、大阪大学教授に就任されたが、山形県大江町の善明院という古刹の住職をご尊父からお継ぎになり、かたわら山形県立図書館館長などもおつとめになった。真言宗智山派の大僧正であり、二〇〇二（平成一四）年他界なさったときは智山派の管長が導師をつとめているのだから、よほど信望がおありだったのだろう。

ついでだが、高原紀一は翌年、私たちが中学四年のときに発行された『開拓』にも「孤愁」という小説を発表している。この作品は父と子の間の確執、対立が主題になっており、ストーリーにも難がないのだが、「聖歌」にみられたような思春期の甘く、苦い情感が欠けており、小説として痩せている感があった。しかし、小説としての確実な骨格をそなえた作品であることに間違いなかった。

＊

小説にみられるように高原紀一は怖ろしく早熟であった。もっとも肺尖カタルか何かのため小学校時代一年休学していたので、私たちより一歳年長であった。神田で生まれたかどうか確かではないが、神田育ちであった。そのため「あすこのおかにはたがひらひら」と言うと、「アッコノオカニハタガシラシラ」としか言えなかった。高原は神田育ちであることを誇りとしていたから、山手育ちの同級生にひやかされたり、からかわれても一向に気にする様子はなかった。それでも自然とそうした下町訛りは消えていったようである。

それよりも「聖歌」にみられるように彼はたいへん早熟であった。ふざけた遊びなどはいつも彼が中心であった。高原と出英利、この出隆教授の次男については別に書くつもりだが、この二人が級の不良と目されていた。私は確実に彼らの親しい仲間だったが、教練の教官を別とすれば、不良仲間の一人とみられていなかった。私の母は、父兄会の面接のさい、いつも高原とか出とかとは遊ばせないようにご注意なさってください、と言われるのがつねであったという。

高原が不良の筆頭とみられた契機の一つに梅月事件がある。これはやはり三年のときだったはずである。いまからみれば冗談のようなことだが、当時私たちは父母同伴でなければ喫茶店、みつ豆屋などに出入りすることを禁止されていた。すでに記したとおり、五中には五年間をつうじ編成替えがなかったので、級によっては当時の軍国主義的風潮のつよい級もあり、そうでない級もあった。私の級は、反軍的ではなかったが、自由主義的傾向がつよかった。それは、ことに理科系の科目について抜群の秀才であったので誰からも一目置かれていた中川一朗が穏和な性格だったためかもしれない。中川は病気がちで、後に長く東大理学部で助教授をつとめ、東北大学の教授になって後、早逝したが、そんな中川の性格のせいか、私の級では全体として、軍国主義的風潮とは相容れない雰囲気が支配的であった。そのため、高原・出などの〝不良〟グループの行動にひそかに共感しても、反感や嫌悪感をもつものはいなかった。

学校当局の指導にもかかわらず、高原たちは昼休みには始終、校門を出てすぐ左手にあったあんみつ屋梅月に出入りしていた。私たちより一年上級のある級は軍国主義的風潮がつよかった。高原たちの行動を苦々しく見ていたようである。

ある日、高原たちが梅月からひきあげてくるのを待ち構えて鉄拳制裁を加えることに、その級で衆議一致したらしい。学校の正門のあたりで彼らが待ち構えているのに気付いて、梅月の女主人がお帰りは注意なさった方がいいですよ、と忠告してくれた。高原ともう一人は、遠廻りして通用門から入ろうとした。そこにも上級生が待ち構えていた。高原たちが通用門から入ってきたところで彼らが殴りかかった。正門あたりで待ち構えていた上級生たちも駆けつけてきて、一斉に二人を殴打した。集団暴行であった。高原たち二人はなすすべもなく、ただ殴られるにまかせるより他にすべはなかった。

この集団暴行は二階の教員室の窓のすぐ下でおこった。翌朝、校長から、本校にあるまじき不祥事があったが、こういうことは二度とくりかえされてはならない、という訓辞があった。高原たちにも、暴行した上級生にも何の咎めもなかった。

高原は柔道がつよいのに、まったく抵抗しなかったのが潔い態度であった、と教員室で言われたと聞いている。むしろ、当時の五中の空気として、集団暴行のような行為に対する嫌悪感が教員室を支配していたようである。

高原は柔道がつよいというのは事実であった。試合があると、いつも主将か副将であった。彼は身長こそ一七八センチほどの長身だが、痩せぎすであった。技量にすぐれていたのである。ついでいえば、学校で水泳大会があると、いつも選手であった。

彼の文学の才能については冒頭に記した。柔道も水泳も器用にこなした。彼はいわば万事について器用であった。

高原とともに殴られたのは小林実であった。小林も私たち〝不良〟仲間にはちがいなかったが、私には多少肌合が違っていたようにみえる。ある時期に、彼が私に、猛烈に英語を勉強した、次の試験では中村より良い成績をとろうと思っている、と話したことがある。たいへん勝気であり、また、派手でもあった。高原は万事について器用であり、有能だったが、勉強に熱心ではなかったし、物事に恬淡としていた。それでいて親分肌であり、これは神田の生まれによるものかもしれなかった。

高原がしきりに小林の家に遊びにいくという噂が高かった。小林と遊ぶわけではない。小林の家の隣家の女学生に惚れこんで、何とか知り合うように画策しているのが真相なのだ、と聞いていた。

五年に進むと、高原は「蜉蝣物語」と題する小説を発表した。「路ばたの灯」「ずいずいずぅべん」「蒼穹と酸漿ととらんぺっと」「ゆき江」「海にて」という五章の小品の連作であった。それまでの二作品と違って、亡母の追憶、知り合いの年長の女性の死などを綴った、少年期から思春期の感傷と哀感のあふれる抒情性の濃い作品であった。ただし、梶井基次郎の「城のある町にて」の影響のつよい作品であった。

こうして都立五中を卒業すると、出は第二早稲田高等学院というのが正式の名称の第二早高に進学、高原紀一は東京商大（現一橋大）専門部に進学した。小林実は東京商大に進学した。高原も東京商大を受験したものの、成績が良くなかったので専門部に廻されたのであろう。あるいは、はじめから入学試験が比較的やさしい専門部を受験したのかもしれないが、事情を私は詳しくは知らない。私は一高に合格することができた。

＊

一九四四（昭和一九）年四月、東京商大専門部に入学した高原は西荻窪にアパートを借りた。同じ部屋に出もころがりこんで二人で同居していた。高原のばあいは通学に便利という口実があったが、出にはそんな口実はなかった。かえって通学には不便となった。

出は第二早高で関口台町小学校の同級生だった佐野英二郎と再会、たちまち、若林彰・井坂隆一・山澤貴士ら多くの友人と知り合いになり、高原も一緒になって土龍座という劇団を結成した。彼らは早稲田大学の前の玉突屋の二階の三畳の部屋で稽古をした。高原は演出を担当したらしい。菊池寛の「父帰る」の立読みをしたという。三好十郎の作品も予定していたはずである。しかし、同年一一月か一二月の空襲で玉突屋が焼けたので土龍座は自然消滅した。はじめから日の目を見ることはあるまいと考えて土龍座と称したようであった。

やがて、高原も出も入営した。しかし、敗戦も間近く、海外へ輸送する船舶もなかったから、私たちの年代の者のほとんどと同じく、無事に帰郷し、復学した。

＊

戦後になっても、高原と出は一緒に生活していた。清水一男さんという方の持家が桜台にあった。私たちより一年下級生だった詩人相澤諒については、あらためて書きたいと思っているが、清水さんはその相澤の友人であった。一九四六年一二月二四日、高原たちが太宰治・亀井勝一郎のお二人をお招きした。相澤の生家は本庄の郊外の酒造家であった。

それ故相澤は酒を入手できた。その酒を肉にかえることもできた。そこで、酒とすき焼を用意して、太宰・亀井両氏においでいただいたのであった。出は太宰さんに心酔していたし、相澤は亀井さんを尊敬していた。そこで、私をふくめ彼らの知人に呼びかけて参加させた。三島由紀夫さんが、たしか川路明さんという方とご一緒においでになり、同席した。三島さんが、その夜の回想記を書いたことから、この会合は三島研究にとって一事件になっているようである。三島さんが、太宰さんに私は貴方の文学を認めない、と言い、太宰さんがそれならどうしてこんな場所にいるんだ、といった問答があった。このことについては、私はくりかえし書いているので、あらためて記憶を呼びおこそうとは思わない。問題は高原なのだが、高原は太宰治にも亀井勝一郎にもまったく関心をもっていなかった。ただ、文学青年にはちがいなかったから、有名文士を招いて、もてなすことにこまやかに心を砕いたであろう。三島さんの日記に「高原君のところにて酒の会」とあるそうだから、あるいは高原は三島さんをそれ以前から知っており、三島さんを誘ったのは高原かもしれないのだが、高原の生前、そのような話は聞いていていない。

*

東京商大専門部を卒業すると高原は八雲書店という出版社に就職した。出の尊父、出隆先生の紹介だったと聞いている。一九四九（昭和二四）年の初めか、前年の一二月に、私は八雲書店の刊行している雑誌『藝術』に詩を寄稿するように依頼された。八雲書店は短歌誌『八雲』の刊行により知られていた由緒正しい出版社であった。三省堂刊『現代短歌大事典』には、雑誌『八雲』は一九四六年一二月、八雲書店から発行された短歌総合雑誌。編集人は久保田正文《まさふみ》で、木俣修《きまたおさむ》が顧問格として助力した。当時、臼井吉見・小田切秀雄・桑原武夫らにより、日本の文化の問題にかかわりながら、短歌訣別論、定型限界論、「第二芸術」論等が出されていた。それらをふまえて、「短歌の運命を探究する公の機関たらむことを念願」し、「短歌が、真に文学の一環としての生命を自覚し、芸術のきびしい途に繋がりうるか否かを実践的にこたへる試練の場」（久保田「編集後記」）をめざして創刊された、とあり、四八年三月まで一四冊を発行した、という。

この記述からみると、八雲書店は短歌総合誌『八雲』の発行に続いて文学総合誌『藝術』の発行を企図したらしい。『八雲』の編集者久保田正文氏が当時ほとんど無名だったのと同様、『藝術』の編集長亀島貞夫さんもほとんど無名であった。亀島さんは『近代文学』一九四九年二月号に「白日の記録」と題するすぐれた戦記小説を発表しているが、『藝術』の編集長就任はそれより二年も以前であり、平井啓之・沢木欣一・小野協一らとともに発行していた『赤門文学』の同人であったにすぎない。

私は高原と、おそらく高原の頼みを聞き入れてくださった亀島さんの好意によって、私のはじめての一四行詩「よこたわる男」を寄稿し、掲載していただいた。ついでに私は亀島さんから『赤門文学』の同人になるよう勧められ、平井らに紹介されたが、これは高原とは関係ない。いずれにしても、やはり無名にひとしい私を『藝術』に掲載するよう勧めてくれた高原は、そういう意味で、友情に篤かったし、面倒見もよかった。

『八雲』が一九四八年三月まで刊行され、廃刊した、という事実からみると、おそらく八雲書店はそのころに行き詰り、倒産したのであろう。群馬県の高校の先生となって離京することになった亀島さん一家を送別するためのささやかな宴を、高原の練馬の下宿で催したことを憶えている。亀島夫妻には幼いお子さんがあったが、このお子さんが成長した後、高原が就職の世話をした、と聞いたことがある。高原はどこまでも心遣いがこまやかであった。

ここまで書いてきて、ふと思いだしたのだが、高原がそのころ下宿していた家のご主人は馬淵さんという中年の女性であった。ご夫君に先立たれたのか、離別なさったのかは知らない。気性のさっぱりした、世話が行届いた方であった。こう書いていると、あかぬけた彼女の面立ちも浮かんでくるので、高原との間で男女の関係があってもよさそうに思われるのだが、そうした気配はまるでなかった。双方とも節度があったのか。思いだすと懐しさがこみあげてくる。

その前後、『世代』が復刊してから、高原、出を『世代』の人々に紹介した。出はすんなり溶けこんでいったが、高原は『世代』の同人たちとは気が合わなかったようである。むしろ、そのころには小説家になるという意欲がなくなっていたのではないか。

＊

その後、数カ月経ったころ、高原が『譚海』の編集長になったから遊びにこないか、という連絡があった。『譚海』は戦後生まれの人々には知られていないだろうが、戦前は講談社の『講談倶楽部』に次ぐような売行の良い雑誌であった。あるいは『講談倶楽部』の少年版に近かったのかもしれない。私は『譚海』を読んだことはなかったが、その名声だけは知っていた。高原がそういう雑誌の編集長になったことを私はうれしく、誇らしく思った。

訪ねてみると、編集室には高原一人しかいなかった。御茶ノ水駅から比較的近い、小さなビルの一室だった。営業部等がどこにあるのか分からなかった。高原だけですべてを切りまわしているかのようにみえた。出版社というにはあまりに貧弱であった。それでも、資金を出し、雑誌を発行する後援者がいたらしい。山手樹一郎の「桃太郎侍」のような小説を書かないか、と勧められたように憶えているが、彼自身がそんな小説をいろいろな筆名で書いて、雑誌に仕上げるのだ、と言ったのかもしれない。意気軒昂であった。

しかし『譚海』は数冊発行しただけで休刊になり、高原は失職した。

その後、いまはこんな雑誌を作っている、と言って業界誌を見せてくれた。原稿を頼まれたこともあった。その業界誌も次々に変った。いつでも、どこでも、高原を編集者として雇ってくれる会社があるようであった。どこでも彼はそれなりに役割を果たした。異能というべきかもしれない。才人という方が適切かもしれない。『週刊新潮』が創刊された当時は、草柳大蔵氏らと並ぶトップ屋だったと聞いている。どんな仕事も及第点をとれるだけの仕事をこなすことができた。しかし、それもたぶん一九五五（昭和三〇）年前後までであった。出版界も、日本の産業界も、戦後の混乱期が終り、淘汰されるべき企業は淘汰され、存続した企業は相当の地盤を固めていた。

そのころから私は高原と会う機会がまったくなくなった。私は弁護士としての仕事に追われていた。高原の消息を聞くすべもなかった。

＊

高原と久しぶりに顔を合わせたのは一九八一（昭和五六）年一月であった。これは別に記すつもりだが、一九五二（昭和二七）年一月、出英利は酔余、終電車の終った中央線の線路を歩いていて、貨物列車にはねられて死んだ。出の没後三〇年を記念して旧い友人たちで集まろうと言いだしたのは、その前年、商社の海外勤務から帰国した佐野英二郎であった。集まりは土龍忌と名づけられた。いうまでもなく土龍座にちなんだものであり、すでに記したとおり佐野は関口台町小学校、第二早高における出の同級生であった。

高原はその土龍忌の席にりゅうとした風采で現れた。ソフト帽をちょっとかしげてかぶっていた。これは彼が若くから禿げはじめていたせいかもしれない。彼は背が高かったが、顔も大きく、鼻も大きく高かった。石井好子さんの音楽事務所のマネージャーのような仕事をしているということであった。いかにも伊達男という身なりであった。

土龍座当時の懐旧談が一通り終ると、高原は芸能界の裏話をいろいろ聞かせてくれた。石井さんの事務所では重宝にされ、彼の口吻からすると、事務所にとって欠くことのできない存在のようであった。

彼は座談の名手であった。彼が話してくれる芸能界の挿話は、どれも私たちが腹をかかえて笑うようなものであった。かなりの誇張もあったのだろう。

土龍忌はその後毎年、三〇回以上続いた。その席が私が高原と会う年一回の機会であった。その間、彼は石井好子さんの事務所から別の芸能事務所に移ったかもしれない。そうしたこまかな詮索をしたことはなかった。いつも粋なダンディであった。彼はいつもその時々の職場の仕事を愉しんでいるようであった。苦にするような気配はみえなかった。江戸ッ子らしい見栄かもしれないが、愉しく人生を過すことが彼の信条のようにみえた。

やがて土龍忌もとりやめになった。集まっていた出の友人たちが次々と他界してしまって、会として成り立たなくなったためである。その結果、私が高原と会う機会もなくなってしまった。

高原はいつ死んだのか。彼が死んだことは確かだが、それが二年前であったか、五年前であったかもはっきりしない。それにつけて、つけ加えておきたいことは、彼は、中学時代から恋いこがれていた、小林実の隣家の女学生が成人すると、ついに結婚にこぎつけ、彼が他界するまで、添いとげたのであった。純情可憐というべきだろう。ただその話になると、いつも「カミさんもすっかり太っちゃってね」と照れ笑いした。それも彼の人柄の重要な一部であった。それに彼はいつも人情に篤く、他人を裏切ることが決してなかった。それが、彼が失職をくりかえしながら、いつも次の職を世話してくれる人にこと欠かなかった理由であろう。

＊

高原紀一は才人であった。文学についても、処世についても才能があった。しかし、その才能に見合う仕事を残さなかった。社会には、高原に限らず、さまざまな才能をもった人々がいる。才能が生きるかどうかは、たぶん運に恵まれるかどうかによる。それ以上に、根気が必要なのではないか。根気というより、私たちには鈍といったものが必要なのではないか。運、鈍、根というけれども、移り気でなしに、石にかじりついているような、根気と、評判など気にしないように「鈍」な神経が必要なのではないか。

それでも、世間には才能のある人々が多い。才能といっても一様でない。それぞれの人々が各自にそなわった才能をもっているのだが、そうした才能が生かされないままに、人々は社会の潮流の中に泡沫のように、流され、消えてゆくのではないか。高原紀一という才人の生涯を思うにつけ、私はそんな感慨を覚えるのである。

川島廣守

川島廣守さんはよく気がつく方であった。私の事務所に相談においでになるとき、セントラル野球連盟、いわゆるセ・リーグの会長をなさっていた時代はもちろん、日本野球機構のコミッショナーに就任なさった以後も、ほとんど必ず「空也」の最中を手土産にお持ちくださった。私は「空也」の最中を東京で入手できる最良の和菓子の一と考えているので、川島さんのそうしたお心遣いが無性にうれしかった。「空也」の店はセ・リーグの事務所から近かったとはいえ、予約しておかなければ買えないから、そうした手配も必要である。そんな手間は秘書の方にお願いしたにしても、川島さんご自身が心がけなければ、お持ちになることはできない。

加えて、川島さんは私の事務所においでになるときは、受付や私の秘書やその周辺の女性たちにも老舗のおせんべいなどをお持ちになった。川島さんもそのお一人だが、私の事務所へおいでになる方々は、ふつう特許や法律に関する案件の依頼者であり、私共が報酬、手数料を頂戴する顧客である。お客様である。お客様の許に私共が参上するとき、手土産をお持ちすることはありえても、通常なら逆はありえない。私共の事務所は、そういう意味では、ずいぶんお高くとまっているとみられても仕方ないほど、依頼者の会社、事務所に参上しないし、参上したときも、手土産などの気遣いはしない。むしろ、依頼者には事務所にお越しいただいて、案件を処理している。一〇件、二〇件とまとまった特許出願の依頼などをうけるばあいは、例外であって、そういうときは、担当者が依頼者の許に出かけることがある。

だから、川島さんは私の事務所でいつも受付にはじまり、事務所の人々に大いに歓迎された。川島さんは、にこやかな笑みを浮かべ、小柄な体軀の胸を張って堂々と、私の事務室に案内されておいでになるのがつねであった。

そういえば、会議などのばあいを除き、私がセ・リーグの会長室やコミッショナーのオフィスに参上したことはない。川島さんとは少なくとも週に一度は電話をいただき、月に一度はお会いしたのだが、必ず川島さんの側から電話をいただき、また、私の事務所にお越しいただいていた。川島さんはじつに腰の軽い方であった。

＊

私がプロ野球と縁ができたのは、セ・リーグの会長を鈴木竜二さんがなさっていたときであった。どうして私が依頼されることになったのか、私にはふしぎでならない。たしかに、私の先師中松潤之助先生は三人制のコミッショナー委員の一人だったし、いわゆるプロ野球の黒い霧事件の裁定をした委員の一人であった。しかし、コミッショナー委員の仕事について私が助手としてお手伝いするようなことはなかったから、プロ野球界の人々の誰とも私は面識がなかった。

ただ、確かなことは下田武三コミッショナーの時代、コミッショナーから法律的検討を要するような指示、意見聴取を求められることが多く、そのためセ・リーグとしては法律顧問を求めていたという事実である。その間どういう関係からか、私の名が浮上したのであろう。当時の鈴木竜二会長には、若いころ剃刀竜二といわれたという面影はまったくみられなかった。率直にいえば、ずいぶんと老耄しておいでになった。ある案件で、セ・リーグ会長の裁定に対し選手がコミッショナーに上訴したことがあった。鈴木会長はコミッショナーの審理にさいして出席なさらなかった。私が会長代理として出席、裁定の妥当性を説明した。その結果、選手の上訴は却下された。その審理の後、しばらく下田コミッショナーと雑談した憶えがある。私が、審判はセ・リーグ、パ・リーグがそれぞれ別リーグに所属するのでなく、一元化すべきだ、といった私見を申し上げると、下田さんは自分もかねてそう思っている、ぜひ力を貸してもらいたい、と満面の笑みをたたえて同意なさった。そういう話題が出たことから考えると、コミッショナーに上訴された案件は選手と連盟間の紛争でなく、審判と連盟との間の紛争だったのかもしれない。それにしても、当時のセ・リーグは会長も事務局長も事務局員も沈滞しているようにみえた。

一九八四（昭和五九）年に川島さんがセ・リーグ会長に選任され、その前後に事務局長に読売新聞運動部次長をつとめた渋沢良一さんが就任すると、事務局の空気が一変した。渋沢さんは渡邉恒雄氏にずかずか直言することをはばからないような硬骨漢だったし、アイデアも豊富、実行力に富み、プロ野球の監督、選手たちの間に顔が売れていた。川島さんのセ・リーグ会長としての仕事について、渋沢さんが果たした役割は重大な意義をもつものだったと私は信じている。そういえば、渋沢さんは審判の一元化について反対であった。渋沢さんによれば、セ・リーグの審判の方がパ・リーグの審判に比し給与も良いし、技量も上だから、差がありすぎて、とても一元化など絵に描いた餅にすぎない、ということであった。ことが両リーグの財政にかかわる以上、なるほど一元化は難しいかもしれない、と私は理解した。理解はしたが納得したわけではなかった。現在では一元化されていると承知している。時の流れというべきであろう。

渋沢さんは長嶋のファンである。長嶋は、本名は長島であり、本人がことさら島を嶋に変えて通称としているのだ、と教えてくれたのも渋沢さんである。また、長嶋のデビュー戦で金田正一が長嶋を四回三振にうちとり、長嶋のバットは金田の速球にかすりもしなかった。その試合について、私はもっぱら金田正一の偉業だと考えていたが、渋沢さんの言によれば、二回、三回、三振すれば、凡人ならヒットにならなくても、せめてボールにバットを当てたいと思って、四三振などという記録を作りたがらない。ところが、長嶋は四打席ともバットをふりぬいて三振したのだから、そこに長嶋の偉大さがあるのだ、という。たしかにそのとおりにちがいない、とこれは私も納得した。

話を川島さんに戻すと、法律的問題がそう日常的にあるわけではない。川島さんは法律問題でないことについても、何事も相談の電話をかけてこられたし、事務所に自らおいでになった。あるいは相談をかけられていたのは私だけではなかったかもしれない。独断に走らず、他人の意見をひろく求めて、決断するのが川島さんの処世術だったかもしれない。些細な事柄についても、相談をかけられれば、相談にのった側とすれば、自分が川島さんの役に立っているように感じ、川島さんに好感をもつことになる。

こうした態度は、川島さんの経歴にもいくらか由来するかもしれない。私は下田武三さんとも吉国一郎さんとも一面識あったが、彼らは他人の意見をひろく求めるという型の人ではなかった。エリート官僚らしく、ずば抜けて明晰な頭脳をおもちだったし、ご自身の判断に自信をおもちであった。川島さんは彼らとちがって中央大学の出身であった。だから、東大、京大出身の方々と伍して競争社会に勝ちぬいていくためには苦労が多かったにちがいない。川島さんは苦労人であった。

かつて日本野球機構の法規部長だった馬立勝さんから聞いた話だが、馬立さんが中公新書の『ある明治人の記録　会津人柴五郎の遺書』を手にしているのを見て、君はそんな本を読んでいるの、と訊ねたそうである。『ある明治人の記録』は後に陸軍大将にまで昇進した、会津藩出身の柴五郎の戊辰戦争から明治維新後までの辛酸を嘗めた半生を記した伝記である。同じ会津出身であり、福島県人会の会長もつとめていた川島さんとしては、馬立さんが柴五郎の生涯に関心をもっていることがうれしかったのであろう。だが、その馬立さんが私に恵与してくれた川島さんの履歴書によると、川島さんは驚くべき秀才である。

一九三九（昭和一四）年　旧制会津中学校（現在の会津高校）卒業　一七歳
　若松税務署長の勧めで仙台税務監督局（現在東北財務局）に奉職
一九四〇（昭和一五）年　高等文官試験予備試験に合格　一八歳
　東京の大蔵省へ出向／中央大学専門部法律学科入学
一九四二（昭和一七）年六月　高等文官試験行政科試験合格　二〇歳
同年九月　中央大学法律学科修了
同年一〇月　内務省入省　二〇歳

大蔵省に勤務しながら中央大学専門部法律学科に入学したというのだから、専門部はおそらく夜学であろう。そうした勉学、僅か一年半、二〇歳で高文に合格しているのだから尋常な秀才ではない。

その後一九四三年一〇月、海軍短期現役（通称は短現）主計科士官の選抜試験に合格、海軍経理学校を経てスマトラに赴任、終戦後、マレー半島の英軍管理のキャンプ生活。一九四七年一二月、復員した。当時海軍主計大尉、二五歳であった。

　こうした苦労が身につかなかったはずがない。

　川島さんは復員後、警察庁外事課長、警備第一課長、公安部長、警備局長、内閣調査室長、内閣官房副長官などを歴任した。その間、大学紛争、安保闘争の警備を担当、三公社五現業のいわゆるスト権ストにさいしてストライキ権付与の拒否への方向づけに寄与したといわれている。その後、日本鉄道建設公団副総裁、ついで総裁に就任したが、不正経理が発覚したため、責任をとって辞任、やがてセ・リーグの会長に迎えられた。

　こうした経歴からみれば、いわゆる公安畑の専門家であり、保守派の代表選手のようにみえる。私はどちらかといえばつねに進歩派に同情的なので、思想的、政治的立場は正反対であった。しかも、私が個人的に川島さんにつよい親近感をもち、ふかい信頼感をもったのは、思想、信条を超えて、川島さんの人間性に魅力を感じたからであった。

　すでに記したとおり、いったい川島さんが私に求めたのは法律解釈ではなかったように思われる。コミッショナーがある措置を採ったばあい、あるいは採らないばあい、社会的反響はどうか、ということについての私の予測であった。私が学識にしたがって意見を申し上げると、「なるほど」といってお帰りになることがつねであった。

＊

私にとって忘れがたい思い出は多いが、何回かスプリング・キャンプにお伴したこともその一である。高知県の安芸市にご一緒したことがある。たしか雨のふる日であった。阪神タイガースのキャンプであったように憶えている。雨のせいか、あらかじめの予定であったか、たまたま休養日であった。練習のあるなしは川島さんにとっては問題でなかった。球団が合宿しているホテルに出向いて、監督、コーチ、選手、球団関係者と会い、彼らを激励し、慰問し、懇談することが川島さんのキャンプ訪問の目的であった。彼らの一人一人に声をかけ、調子はどうかね、などと話しかけ、夜は球団、監督、選手の主だった方々との酒宴になった。スターとはいえない選手たちの名を憶えていること、彼らにも一々手をさしのべて握手するのが、私には印象的であった。私はその最初の一時間ほど、傍らからその模様を見ていただけで失礼し、岩崎弥太郎生家を見物に行った。岩崎家は下級の郷士と聞いていたが、その生家はずいぶん堅牢、庄屋屋敷のような趣があった。これは生家そのままなのか、三菱財閥が成立してから新たに建築したものではないか、と私は疑問に思った。霙のふるうすら寒い、暗い日であった。

宮崎のキャンプへ行ったのはどの球団のキャンプか憶えていない。例によって、川島さんはダッグアウトから投手練習場などを廻り、こまめに選手や監督に話しかけていた。私は観客席でシートノックを観ていた。いったい私はシートノックを観るのが好きである。中学時代、専修大学の野球部が大宮球場で毎年練習していた。私は一時間、二時間、シートノックを主とした練習を観て飽きなかった。そのころ専修大学の主戦投手は梶岡忠義であった。私の年長の友人で近所に住む先崎元彦という方がいた。容姿のすっきりした人で、やはり近所に住むきりっとした容貌の綺麗な女性と仲良しであった。その女性を梶岡がさらうように恋仲になり、間もなく結婚した。先崎さんの嘆きようは一通りでなかった。東京商船学校を卒業、宇徳運輸に勤め、たしか専務取締役にまで昇進した。彼は私の小学校同級の美少女福田八千代さんと結婚した。宇徳運輸に勤めることにしたのも、船会社に入って、航海のため、長く留守になるのを八千代さんが嫌ったからであった。梶岡は阪神タイガースに入ってエース投手として何年か活躍した。私はシートノックを観ながらそんなことを思いだしていた。やがて昼になると、ビュッフェ形式でさまざまのご馳走が並んだ。選手はもちろん、取材に来ている記者、評論家の人々も好き放題にそのご馳走を食べるのであった。記者、評論家といった人々に対する球団のサービスであった。球団経営というのは、私などが思いもよらないところで経費をかけているのだということを知った。そのとき、さつまあげを九州では天ぷらとよぶことを知った。

練習見物に飽きると、西都原古墳群を見物した。予想をはるかに超える壮大な古墳群である。さきたま古墳群の比ではなかった。その数倍はあるようであった。九州の古代文化の偉大さがもつ意味について思いをめぐらし、しばし私は感慨に耽った。

沖縄にお伴したこともあった。米軍基地の占める広さと住宅地域の近さにも、あらためて戦慄した。その他は、川島さんのお好みという沖縄の細い麺が美味しかったことしか印象に残っていない。

いつ、どこのキャンプであったか、一夜、川島さんが星野仙一その他の方々と同席する宴席につらなったことがある。星野監督は何の遠慮会釈もなく川島さんに日本野球機構を批判した。批判は具体的で一々肯綮にあたっているようにみえた。川島さんはすこしも不快な表情をみせなかった。なるほど、とか、そのとおりだとわしも思うよ、といって、適当にうけながしていた。星野仙一がいきり立つほど、川島さんは冷静になった。まあ、一杯やりたまえ、などといって酒を勧めたりしているうちに、雰囲気はしだいになごやかになった。川島さんはそうした座談の席でも、私が舌を捲くほど、百戦錬磨であった。ただ、星野の苦情、非難の多くはコミッショナーの権限でどうにもならない事柄であった。

そういえば、川島さんに誘われて、メジャー・リーグのオールスターゲームを見物に行ったことがある。アトランタ球場であった。セリグ米コミッショナーとも挨拶した。アメリカのオールスターは一試合しかない。しかし、それで充分観客を堪能させるようなエンターテイメントが提供された。ピーター・ユベロスがコミッショナーをつとめた時期もあり、メジャー・リーグはいわば一のショービジネスであり、コミッショナーに求められるのは興行師としての手腕である。馬立勝さんに勧められて『エイトメン・アウト』という映画のDVDを観たことがある。八百長をした選手があり、処分には第三者の裁定を仰ぐべきだということになって、メジャー・リーグにコミッショナーがはじめて選任される、というストーリーの作品である。だから、当時はコミッショナーも興行の主催者でなく、わが国のコミッショナーに近かったのであろう。しかし、時代が変っている。日本のセ、パ両リーグはエンターテイメント・ビジネスを興行しているのだ、と割切り、興行の主催者としてふさわしい人物をコミッショナーに選任すべきだ、と私は考える。わが国ではコミッショナーの権限があまりに制限されている。川島さんに限らず、歴代のコミッショナーのような経歴の方々の権威を重んじるのではなく、四〇代、五〇代の興行的手腕をもつ方をコミッショナーに選任し、それなりに野球協約を改訂すべきだ、と私は考えている。

＊

プロ野球選手会が労働組合として東京都労働委員会から認定されたのが一九八五（昭和六〇）年であった。それ以降、選手会は日本野球機構に対し次々にさまざまな要求を提出することとなり、それまで選手は球団の自由に支配できるものと考えてきた球団側は対応に苦慮することとなった。その一が契約更改交渉にさいし選手が代理人をつうじて交渉することを認めるかどうかであった。

代理人は、選手がどういうプレーをしたか、を知らない。代理人は数字にあらわれた打率、防御率等を知っていても、真にどれだけの貢献をしているのかを知っているのは選手自身だ、だから、代理人による交渉は認めるべきではない、というのが球団の立場であった、と記憶している。私は当初から代理人交渉を認めざるをえない、認めるのが当然、という考えだったから、そういう意見を川島さんにお伝えしていた。弁説の得意な選手は稀であり、球団代表の説得に反論することはたやすくない選手がふつうである。だから、球団代表と互角に、対等の立場で交渉するには代理人に交渉を依頼せざるをえないし、球団は代理人交渉を受け入れるべきだ、と私は考えてきた。

ただ、一人の代理人あるいは同一事務所に属する数人の弁護士が多数の選手を代理することになると、利益相反が生じ、好ましくない事態を生じるであろう。たとえば、現在、わが国には数百人の弁護士を有する四大法律事務所が存在する。かりにそうした事務所の弁護士たちが六、七〇人の有力選手の代理をすることとなれば、一二球団のチーム編成を左右するような実力をもつことになるだろう。もっと小規模の事務所が連携しても同じことが生じうるだろう。

だから、一人の代理人は一人の選手しか代理できない、ということを原則とすべきだ、というのが私の考えであった。

現在、選手会公認の代理人だけが選手を代理できる仕組になっていると聞いているが、原則は私の考えがほぼ貫かれているようである。そのため、川島さんはじめ、日本野球機構、選手会の役員のみなさんがずいぶんと苦労なさったはずである。

それにしても、日本のプロ野球選手の報酬はあまりに高額になっているのではないか。一チームに一億円を越す報酬を得ている選手が六、七人いるのが実情だと聞いている。たしかにメジャー・リーグの超一流選手は数十億円といった高額の報酬を得ているようである。しかし、それはほんの一にぎりの選手であって、大多数ははるかに低額だとも聞いている。日本のプロ野球界には、とても一億円プレーヤーとは思われない、実力のない、あるいは実力を失くした、選手がざらにいるように私は感じている。このことは代理人交渉による選手側の成果だろうか。そうとすれば球団代表の交渉能力が貧しいということを意味するのか。また、一億円プレーヤーにふさわしい錚々たる選手をそろえているなら、もっとも報酬が安いといわれ、ことに昨年（二〇一六年）までエースだった前田投手がアメリカに移籍した広島カープが何故大差をつけて早々と優勝を決められたのか。代理人問題に関連して、私は選手の報酬が高すぎると感じている。

*

社会人野球との関係で元プロ野球選手が社会人野球に入団できるようにとりきめたこと、高校球界との間で「新人選手選択に関する覚書」を調印、元プロ野球選手の母校での練習に参加、指導を認めることにしたことなど、川島さんの功績とされている。一応相談に与ったはずだが、私の記憶は鮮明でない。むしろ、川島さんが足まめ、筆まめに、説得して、話をまとめあげたのであろう。

＊

黒い霧事件による池永正明投手の永久追放処分の解除については、川島さんは無数の嘆願書をうけとり、多数の嘆願者とお会いになり、多くの方面からの有形無形の圧力をうけたようである。しみじみと述懐して、どうしたものか、と悩んでおいでになったことを私は耳にしている。

私は至極単純な論理で処分を解除すべきでないと考えていた。第一に野球協約に、コミッショナーが行った裁定による処分を解除したり撤回したりすることができる旨の規定がないことである。考えてみれば、当然のことだが、前のコミッショナーが科した制裁処分を後のコミッショナーが取り消したり、解除したりすることができるとすれば、コミッショナーの制裁処分は権威を失うにちがいないし、コミッショナーの権威の失墜にもつながるであろう。

私はそうした見解を川島さんに伝えたが、川島さんは直ちには納得しなかった。

川島さんは池永が永久追放処分とされた当時の審理記録や証拠書類などを精査なさったようである。その結果、永久追放は止むをえませんな、と言われた。

私見によれば、池永の永久追放の解除を求めた人々は、その後、長い年月が経ち、池永は真面目に生活しているから、何時までも永久追放処分にしておくのは可哀想だ、という感情論であった。私には、彼らが永久追放処分という重い制裁が科せられたのは何故かを考えてもいないし、解除がどういう結果をもたらすか、も考えていなかったように思われる。まず後者からいえば、永久追放処分が解除されれば、プロ野球界に復帰できることとなる。その意味は、まさか投手として復帰することはありえないだろうが、監督、コーチとして、プロ野球の球団と契約できるということである。そうでなくても、ベンチ等を訪問して、選手たちと自由に話すこともできる。ことは野球賭博にかかる案件である。野球賭博にかかわったとして永久追放処分の制裁を科せられた人物が、プロ野球界を大手をふって歩くことが許されるか。幸いにして、解除後、そういう事態はおこらなかったが、そういう事態をも予想しておくのがコミッショナーの責務である、と私は信じている。

ところで、池永が永久追放処分を科せられたのは、私の記憶によれば、金をうけとっていたからであり、かなり長い期間、黒い霧が話題になった後も、池永本人に対する取調べがはじまるまで、神棚に放り投げておいて金をうけとったままにしていた、ことにある。八百長をしたかどうか、本人の言うことを信用するとしても、長期間にわたり金をうけとったままにしておいたのは、何故か、池永は説明できなかった。

金を渡した本人に返さなくても、球団代表に、こういう金を渡されてしまったから、といって、預かってもらうこともできたはずである。私は先師中松潤之助先生から何故そうした処分にしたか、お聞きしたことはない。お訊ねしてもお答えくださらなかったであろう。ただ、当時、読売新聞記者として取材していた、元セ・リーグ事務局長の渋沢良一さんから、コミッショナー委員の方々は、池永について、やはり黒という心象をおもちなのだ、という印象を取材していてつよくもったと聞いた憶えがある。

根来泰周コミッショナーが池永に対する永久追放処分を解除なさったことについて、私は同意できない。これは大衆迎合主義であったと私は考えている。ただ、根来コミッショナーは検察官のご出身である。検察官は犯罪を犯した者に対しても、起訴するか、起訴猶予ということで起訴しないか、裁量権をもっている。それ故、処分というものについて柔軟な考えをおもちだったのかもしれない。

ちなみに、川島さんがコミッショナーを退任なさったとき、私は日本野球機構の仕事は同じ事務所の吉田和彦弁護士に譲り、処理してもらうことにし、いまだに吉田弁護士が日本野球機構の顧問弁護士をしている。ただし、根来コミッショナーはご自身が法律家だったから、吉田弁護士に意見を求めることはほとんどなかったように聞いている。

*

川島さんは歩くのがお好きであった。いつも万歩計をお持ちであった。一日一万歩と決めれば、歩数が不足しているときは、当時、日本野球機構が所在した帝国ホテル別館の廊下を何遍も何遍も往復なさったそうである。当然のことだが、日本野球機構の職員や関係者とひっきりなしに出会うことになる。そのたびに、やあ、とか、元気か、といった言葉をかけた。おのずから、日本野球機構の全員と親しく言葉をかわし、職員の側は川島さんを身近な存在と感じたという。これも馬立勝さんから聞いた話である。

抜群の秀才でありながら、秀才めいたところがなく、官僚出身でありながら、すくなくとも私が接した限り、官僚臭のない方であった。苦労人でありながら、淡々とした方であった。川島さんを知ることができたことによって、私はどれだけ多くを学んだか、はかり知れないものがある。

川島さんは二〇一二年一二月九日、他界なさった。享年九〇歳であった。天寿を全うなさったと言ってもよいだろう。私自身がもう間もなく満九〇歳になる。

安東次男

安東次男の生前、私はずいぶん安東の面倒をみたのに反し、安東の世話になったことはほとんどないように感じていた。安東の晩年の一年近く、玉川病院をはじめ、わが国の不可解な医療制度のためたしか三ヵ月おきに病院を転々としたさい、ほとんど週一回は見舞に行っていた。それ以前も、湯加減を確かめずに入浴しようとして熱湯の中にとびこみ、大火傷したときも、痔の手術をしたときも、呼びつけられるような伝言があって、私は見舞っていた。私は二〇〇六年秋、大腸癌の手術をするため、自治医大大宮医療センターに入院するまでは、結婚前、盲腸の手術をしたとき以外、入院するほどの病気をしたことはない。止むをえず見舞に行くと、安東は、おれの痔は人並みのものではない、といって威張るのがつねであった。これでは割が合わないと私は始終感じていた。

知られるとおり、安東は株式投機が好きであった。一時は気狂いじみてみえるほどうちこんでいた。僅かな証拠金で先物買いをし、だいたい損をしていた。もっとも儲けたこともあるから、買い続けたのであろう。しかし、結局は始末に困るほどの借金をかかえてしまうのがつねであった。そのたびに、私に彼の愛玩する骨董を売りつけた。私がひきとれるほどの品だから、そう高価ではなかったはずだが、信楽の大壺や李朝白磁の水滴など、逸品もふくまれており、わが家の骨董の大部分は、そんな安東の苦境を救うためにひきとったものである。

そんな状態だったから、私は安東に恩恵を施していても、恩誼を感じる理由はない、と思いこんでいた。

ところが、この文章を書きはじめようと思っていろいろ思いだしてみると、意外と私は安東に感謝しなければならないことが多いことに気付いた。安東を知らなければ、私の生涯もかなり違っていたにちがいない、という思いが切である。それだけに、懐しさにみたされながら、安東との交友を記すこととする。

＊

かつて『人間』という月刊文芸誌があった。戦後、川端康成・久米正雄両氏により創刊され、鎌倉書房から発行され、一世を風靡したが、やがて鎌倉書房が破綻し、版元は目黒書店に移っていた。一九五一（昭和二六）年一月号に私は依頼されて、詩「声」を寄稿した。私が商業誌から作品の寄稿を依頼された最初であった。この『人間』一月号は「新鋭詩集」として三好豊一郎・日高てる・許南麒・安東次男・私の五名の作品を掲載した。その中で、私は安東の詩「死者の書」に注目した。一九五五年六月刊の詩集『死者の書』の表題作である、この詩は安東の代表作でもあり、知る人も多いと思われるが、「一九四五年八月六日午前九時十五分、広島に投ぜられた人類最初の原子爆弾は御影石の上に、一人の坐して憩う人の影を永久に灼きつけた」という注を題名の左に付した、ほぼ四〇行の長篇詩である。第一連の五行は次のとおりである。

薔薇いろの鉱石質の陽がはいまわる。
いま地上には毒茸のようにひろごる影がある。
下界をおおいつくそうとする灰色の湿地がはびこる。
それはおれたちのえいえいたるいとなみの何億倍かの速度で殖える。

しかし、ああ、おれたちがその不毛の影を消す悲願を持ちはじめてから久しい。

最終連二行を次に示す。

おれたちが地上にひろごるおのれの影を消しはじめてから既に久しい。
おれたちが発ってきた暗黒の故里を忘れはじめてから既に久しい。

私の「声」は「われら闇に伏して久しい　げにも久しい（いいだ・もも）」というエピグラフを付した、各五行の三連、各三行の三連、四行の最終連から成る、私としては異例に長い作品である。冒頭の二連を示す。

ないているのは鶏だろうか？　ビルの地の底から
望楼をこえはるかの丘をわたり　ひくくひくく
運河のほとり　男たちのつかれた肩にちかく
胸元にちかくおしよせてくる声……海嘯のように

待っていてはなにも　なにも訪れはしないと
獣らの手にとざされて夜は久しい　げにも久しい
男たちは曳かれていった　つぎつぎにどこへともしれず
隠れていった　その道は傾き白い陽がさしていた……
それなのに頬の火照りは　ゆうぐれの海辺のように
どよめくのであった　たえだえの歎きをきくたびごとに

以下は略すが、安東の作品の「既に久しい」と私の作品の「げにも久しい」という似た句のくりかえしは偶然だが、両者の声調はかなり似ている。似ているが、個性の違いがある。安東の作品は反原爆をテーマとし、私の作品は朝鮮戦争に触発された反戦詩である。とはいえ、たがいに相手方の詩に注目したことは当然といってよい。私はこのときはじめて安東次男の名を憶えたのであった。

＊

こうして名前だけは親しく知っていた安東次男と面識を得たのは、一九五五年の春ごろであった。出会ったのは木造二階建てのいわゆる昭森社ビルの二階であり、伊達得夫と三人で話しこんだのは伊達が応接室のように使っていた喫茶店ラドリオだったはずである。昭森社ビルは森谷均が権利をもち、かつて一階に『近代文学』の文学者たちの溜り場であった酒場「らんぼお」があった。武田泰淳さんが鈴木百合子、後の武田百合子を口説いていたのも、百合子が勤めていた当時の「らんぼお」であった。急な一三階段を上ると、二階の奥に森谷均が椅子一つのオフィスを構えて昭森社を経営していた。この二階にはいくつかの出版社が机一つ、椅子一つ借りて同居していた。同人誌『列島』の人々が森谷から椅子一つを借りて編集室とした。その編集を手伝うという口実で、その机一つ、椅子一つのオフィスを伊達が乗っとり、森谷、『列島』同人、伊達の間で一騒動あったが、やがて伊達は書肆ユリイカのオフィスを二階の一隅にもつこととなった。伊達が詩書出版社として戦後詩史にその名を残すこととなった『戦後詩人全集』全五巻を刊行したのは一九五四年九月から翌五五年五月だが、奥付は「新宿区上落合二の五四〇　書肆ユリイカ」発行となっている。これは昭森社ビルに机一つ、椅子一つのオフィスを構えたものの、使用権騒動がまだ落着していなかったためだろう。ただ、『戦後詩人全集』が昭森社ビルで事実上編集されていたことは、第一詩集『ひとりの女に』を一九五四年六月に昭森社から刊行し、ひき続き第二詩集『失われた墓碑録』（一九五五年六月刊）のために森谷をしばしば訪ねていた黒田三郎と、私は昭森社ビルで知り合い、『戦後詩人全集』に「荒地」の三好豊一郎、木原孝一、高橋宗近、それに黒田自身の作品を収めるよう黒田が骨折ってくれたことを知っているから、間違いない。

書肆ユリイカのオフィスは机一つ、椅子一つだから来客との応待には道路一つ隔てた喫茶店ラドリオを使っていた。初対面のときから、私は安東とかなりうちとけた会話をかわした憶えがある。伊達は一九二〇（大正九）年生まれだから、私より七歳年長だが、「さん」づけするようなつきあいではなかった。安東は伊達より一歳年長だから、おれ、おまえというつきあいであった。そのため、私は安東とも「さん」づけするようなつきあいはしなかった。はじめから、安東、中村と呼びすてにしていた。ふしぎなことだが、妙に気が合ったようである。

私は駈け出しの弁護士として勤めていたから、決して頻繁に伊達を訪ねたわけではないし、安東と会う機会も滅多になかった。

安東と一九五五年春ごろに知り合い、しだいに親しくなったことは、一九五五年六月刊の詩集『死者の書』の内表紙に、友情を示すかのように

花の目をもち死者の
　叫びをもち　それら
　　すべてをしめ殺して…
中村稔さん　　　　次

と墨書、押印した特製本一五部の第一一番をうけとっていること、同年一一月には、書肆ユリイカから刊行された評論集『現代詩のイメージ』に、たんにそっけなく「中村稔様　安東次男」というペン書の献辞しか記されていないことから分かるだろう。

『死者の書』は安東の第三詩集だが、実質的には第二詩集『蘭』に表題作「死者の書」を加えたにすぎない。この『蘭』『死者の書』中、もっともすぐれた作は「樹木開花」であると考えるが、私の好みとしては「卵」を採りたい。次のとおりの散文詩である。

白いくさり卵を立てたように、木蓮の花が咲くと、子供は、また醜い家鴨の子の話をせがむ。子供にはそれが大事な宇宙が壊れたように心配なのだ。赤い電車が、はがね色の汽缶車が、銀のちいさなお釜が、子供にはそれにのせて走る卵がなくなつたように心配なのだ。「タマゴ、ウムネエ」と子供は心配そうにいう。そして四つん匐いになつて尻をおとし、醜い家鴨の子の真似をして畳の上を匐つてまわる、「ガアガアガア」。痔病やみの父親たるぼくも、あとから匐つてまわる。ぼくらは父と子と二人して、梅雨どきの匂う獣のように畳の上を匐つてまわるのだ。それからぼくは鶏小屋へ下りていつて、鶏たちの朝の卵を一つ失敬する。そしてわざと子供にきこえるように大きな声でいう「借りるよ」。ぼくはできるだけでたらめな盗賊であることを子供にも鶏たちにも分らせるように振舞うしかない。「そら。」子供の前に卵をころがしてやると、子供は横目でそれを見て「フフ」と笑う。おお何という あたらしい奇蹟がおこつているのだ……それから今度は子供が取りにゆく、子供は「カチルヨ」という。彼女はできるだけゆつくりと、宝ものの袋をあけるようにそれを畳の上にころがす。そして「ホーラ」といつて手をうつて、「ウンダネ」と嬉しそうに笑う。それからもういちど、「ガアガアガア。」醜い家鴨の子の真似をして匐ってまわるのだ。父親たるぼくも匐ってまわるのだ。

そのような朝のひととき、暗い世界のうちら側をのぞき見しているやつはたれだ。染め上げた脳の切片をピンセットで挟むように、無意味なことをするやつはたれだ。しかし卵にははさむところがない。それは、父と子の朝の太陽のように、大海のなかをころげてまわるのだ。

「うちらがわ」は内側の岡山方言だろう。それはともかくとして、平穏な父親と幼い娘との風景が第二節でぐんとひろがって、愛情の豊かさを示す技法は鮮やかという他ない。これは安東の最初の結婚のさい生まれた長女、菜々さんをうたった作である。彼女は京都に住み、シルク・スクリーンでなかなか立派な仕事をしている。

＊

一九五六年三月、私は亡妻和子と結婚し、大宮の高鼻二丁目、氷川神社の参道の東側の一角に借地して四五平方メートル弱のささやかな新居を建築、二人だけの生活をはじめた。

そのころ、安東は写真に凝っていた。私の側でも亡妻と新居を見せたいと思ったのかもしれない。結婚して間もなく、安東が私の新居に遊びに来た。そして、私たち夫婦の写真をとりまくった。私の結婚当時の唯一の写真として時に雑誌、新聞などに使われる写真は確実に安東が撮影したものである。私単独の写真も同じである。安東は自分が器量自慢だったせいか、他人にも注文が喧しかった。笑ったときに歯ぐきが見えるのは見苦しいから、笑うときに歯ぐきが見えないようにしろ、と言われたことがある。私は歯ぐきが見えるほど大口をあけて笑う習慣はないと思うが、いつか安東の気にさわることがあったにちがいない。

ほぼ二年後、私たちは氷川神社の裏の大宮公園の西側にあたる高鼻三丁目の現在の住居に転居した。その後も、安東が遊びに来て写真をとってくれた。長女が生まれたときは珍しがってかなりの数の写真があるが、次女のばあいは、誕生後数年間にわたり、写真が一枚しかない。そのことについて、次女は時々ひがんで口にすることがある。私は写真撮影の趣味がまったくないし、新婚旅行のさいもカメラを持っていなかったから、新婚旅行の写真も一枚もない。わが家の家族の写真はすべて他人が撮影してくれたものであり、長女の写真が多いのは親族が珍しがったためである。一枚しかない次女の写真を次女はたいへん気に入らない。その写真は安東さんのおじさまがおいでになったときにとってくださったものだ、という。一枚しかとらなかったのは安東の写真に対する情熱がさめていたからだと私は考えている。ともかく、何事にも自信がある安東は写真もプロ級だと称していた。

いったい、わが家は大宮だから、東京住まいの友人たちでわが家に遊びに来た人はごく少ない。そんな例外の一つに伊達得夫が眞理、百合の二人の娘を連れて、一九五九年四月一〇日に遊びに来たことがあった。この日が正確なのは、いまの天皇、当時の皇太子夫妻のご成婚パレードをわが家のテレビで観たことを百合さんが憶えているからである。

その伊達に黄疸や湿疹が出はじめたのは翌一九六〇年の初めであった。同年一一月、大久保の中央病院を退院した伊達は六一年一月六日慈恵医大病院に入院した。私が安東に誘われて二人で伊達を見舞ったのは一月一五日であった。伊達はひどく衰弱していた。いたいたしい感じで、いたたまれなかった。安東と二人、病院を出たとき、道路が白っぽく見えたのを憶えている。真冬だったが、寒さを感じなかった。胸ふさがる思いでいっぱいであった。安東も一言も言わなかった。死期間近いことがあまりにはっきりしていた。事実、伊達が死んだのはその翌日であった。伊達については当然別に書くつもりである。

＊

安東が多恵子さんと結婚したのは一九五六年三月であった。多恵子さんは青山学院大学英文科を卒業し、卒業式の当日、卒業式が終るとその足で安東が住んでいた中野のあたりのアパートに直行、同棲することとなった。一九三三年三月生まれだから、一九一九年生まれの安東よりも一四歳も年少である。彼女は豊満な美少女であった。私が彼女にはじめて会ったころは一七、八歳にしかみえなかった。桜町高校で安東が教鞭をとっていたころの教え子であり、その当時から相思相愛であったようである。ただし、安東は最初の夫人と離婚し、上京して以後、全銀連に勤める愛人がいたらしい。多恵子さんはゆっくりと甘えたような口調で話すので、一見世間知らずのお嬢さんのような印象を与えるが、結婚のさいの行動にみられるとおり、果断な気性であり、また、ごく律義であり、意志堅固、しかも忍耐強かった。

安東のアパートは六畳一間で、洗面所も手洗も台所も共用という粗末なものだった。私がそのアパートで安東と月に一回かそこら麻雀をしはじめたのは彼らが同棲するようになって間もない時期であった。仲間は、学習院大学教授であった、私の一高以来の先輩、白井健三郎さんと、アテネ・フランセ出身でフランス文学の翻訳をしていた関義さんであった。私と彼ら三人とでは麻雀の強さにおいてプロとアマチュアほどの差があった。悪い時でも私は大宮までのタクシー代程度は彼らからまきあげていた。私たちが麻雀をうっている傍で、夜更け、多恵子さんが六畳間の隅にごろんと横になっていることが多かった。そんな麻雀のつきあいを通して、私は安東と親しくなった。

＊

伊達の最晩年、一九六〇（昭和三五）年四月、安東は駒井哲郎の協力を得て詩画集『CALENDRIER』（からんどりえ）を書肆ユリイカから刊行した。この詩画集中の作「球根たち」を引用しておく。

みみず　けら　なめくじ

目のないものたちが
したしげに話しかけ

る死んだものたちの
瞳《め》をさがしていると

一年じゆう
の息のにお
いが犇めき
寄つてくる

小鳥たちの屍骸
がわすれられた
球根のようにこ
ろがつている月

葬むられなかった
空をあるく寝つき

のわるい子供たち

あすは、

すいみつ。せみ。にゆうどうぐも。

これは詩と銅版画を同じ紙に印刷したという意味で画期的な詩画集であった。銅版画は印刷に先立って湿らさなければならないのに、活字の印刷はそういう必要がないから、詩と銅版画を同じ紙に印刷するのは至難なのである。

引用した詩はたぶん童心の残酷さをうたったもので、悪くはないが、深みのある作品ではない。たぶん駒井の絵があり、その絵につかず離れずといった詩情を作りだしたものであろう。

私はこの詩画集の披露パーティの席で駒井と会った憶えがあるが、それより少し前に安東に連れられて駒井のアトリエを訪ねたことがあったらしい。この詩画集には私宛の二人の献辞が記されていることからみて、披露パーティ以前から駒井を知っていたようである。

その後、間もなく、安東夫妻は世田谷区桜の多恵子さんの実家の敷地の一角に新居を構えた。その機会に、駒井夫妻とともに私たち夫婦も招かれた。それが三家族が家族ぐるみの交際をすることになったはじめであった。

逆に、桜に安東が転居してからは、私はほとんど安東を訪ねていない。私の弁護士としての仕事がひどく多忙になったためだと思われるが、たまに訪ねると、中野孝次・菅野昭正・橋本一明らと麻雀の卓をかこんでいることが多かった。國学院大学に勤めるようになって以後、安東は『秩序《オルドー》』の同人たちと親しくつきあうようになっていた。私は彼らの個人個人の多くは見知っていたが、集団としての彼ら外国文学者たちとは気が合わなかった。それに彼らの麻雀は安東と似たりよったりといった水準だったから、彼らの仲間に入って麻雀の卓をかこむ気には到底なれなかった。

*

一九六二年八月、安東は『澱河歌の周辺』を刊行した。安東が江戸俳諧論に手を染めた最初であった。私は批判する学識はなかったが、着想は卓抜でも、かなりに論旨は牽強付会のように感じていた。『澱河歌の周辺』で安東は読売文学賞を受けた。そのお祝いの会は当時有楽町駅に近く、竣工したばかりの日活国際ビルの中のホテルで開かれ、そこで加藤楸邨にはじめてお目にかかった。

その、『澱河歌の周辺』の出版記念会の席か、あるいは、何か別の名目の集まりであったかもしれない。あるいは、忘年会で少数が集まった機会であったかもしれない。散会しても安東は立ち上らず、嗚咽をこらえきれないほど悲しみにかきくれていた。駒井が私に、安東が可哀想だから何とかしてやろうよ、と話しかけてきた。安東は人間関係の悩みをかかえていた。それから数ヵ月、私は、多少は駒井の助力を得て、その問題を解決した。それ以来、私は安東と、そしてまた駒井と、尋常一様以上の親友という関係をもち、たがいに心を許して話し合うことができる友人となった。

*

一九六三（昭和三八）年の初夏のころ、私は安東から物を見て詩を書いてみたらどうか、と忠告された。伊達の死後、私はほとんど詩が書けなくなっていた。当時、日本橋の高島屋百貨店の正面に向かって右側の通りに壺中居があり、その手前に壺中居とは比較にならぬ小さな骨董屋である相馬美術店があった。安東は相馬美術店のPR誌『相馬』の編輯をひきうけていた。その原稿の穴うめに私の詩を使おうと思ったのかもしれない。

そのときにはじめて知ったことだが、私は詩というものは詩心が衝き上げるように湧いてきてはじめて書くものだと思っていたのに反し、安東にとって詩とは作るものであるということであった。これはおそらく安東が俳句から出発したからにちがいない。どうやら俳句は、詩心が湧くと否とにかかわらず、求められれば、挨拶のため、その他の理由、動機で、作るものだったようである。

相馬美術店の主人、森田規靖さんは三好達治がその歌集に讃辞を呈している歌人でもあったが、私に李朝にはじまる古美術品の興趣をこまやかに教授してくれた。私に古美術品について僅かながら素養があるのは、森田さんの薫陶による。

その結果、私は『相馬』に一九六三年八月にはじまり一九六五年にかけ、「埴輪」「李朝」「志野」「信楽」「高麗」等を発表し、また駒井哲郎の「飛ぶ鳥と木ノ葉」に寄せた同題の詩などを発表している。

相馬美術店にいると、しばしば来客と落ち合った。沢木欣一と出会ったこともあり、西脇順三郎さんと出会ったことがある。西脇さんは色紙に私の横顔の輪郭をすらすらっと筆で描いてくださった。神奈川近代文学館でだいぶ以前開催した「日本の詩歌」展に出品したことがあるが、珍重に値する色紙である。

＊

こうして私が詩作を再開しはじめた一九六三年一〇月、駒井哲郎は交通事故にあい、両下肢を骨折、救急病院での不適切な手術のため、二回、三回と手術をくりかえし、生涯、歩行に若干の不自由を感じることになった。その詳細は『束の間の幻影――銅版画家駒井哲郎の生涯』に記したので、くりかえさない。

当時、私は千葉県勝浦市に属する鵜原に別荘ともいえない、ささやかな小屋を建築することにしていた。一九六五年夏に間に合うはずであったが、工務店の不始末のため、竣工しなかった。そのため六五年の夏はくぐみやという漁師の家に民宿した。その家にほとんど隣り合った寺の一室に安東夫妻も民宿した。翌年、ささやかな小屋ができ上ってからは、安東、駒井と私の三家族、安東夫妻の次女流美、駒井夫妻の長男亜里、長女美加子、私の二人の娘を加えて一一人がひしめき合って、盛夏の数日を過すのが例年の慣行となった。有名な駒井の酔態に接し、毒舌を聞いたのもこの小屋であった。

安東は津山の神伝流の達人ということであったがほとんど泳がなかった。私の中学時代の親友、出英利の尊父、ギリシャ哲学の権威であった出隆先生も安東と同じ岡山県津山の出身で神伝流の達人だったが、出英利の話によると、出隆先生が泳ぐと上半身海上に出ていたそうである。神伝流もおそらく武士が甲冑をつけて川渡りをするための泳法であって、海で泳ぐには適していなかったのであろう。安東から、いかに自分が水泳が上手か、という話は聞かされたが、泳いでいる安東は思いうかばない。鵜原では、安東、駒井と私の三人に、時に駒井美子夫人、安東多恵子夫人もまじえた雑談が愉しかった。

私は鵜原の風光に魅せられ、休日の貴重な時間をいとおしみ、詩心に駆り立てられ、一連の『鵜原抄』の詩を書いた。詩集『鵜原抄』は安東が装幀・レイアウトし、駒井が挿画を寄せてくれた。私たち三人の友情の証しであった。私は『鵜原抄』で高村光太郎賞を授賞されたが、授賞式の当日、私はヨーロッパに旅行していた。そのため授賞式には亡妻に安東が付き添ってくれた。

それより忘れがたいことは、いまは閉鎖してしまった行川アイランドという遊園地に三家族連れ立って遊びに行ったことである。フラミンゴ・ショーが売りであったが、私たちは楽焼の絵付けに興じた。楽焼は、『新明解国語辞典（第七版）』に「㊀手で形を作り、低い温度の火で焼いた陶器。〔うわぐすりによって色合の異なる赤楽・黒楽の別が有り、ほとんどが茶わん」㈡素焼きの陶器に、客に絵などを書かせ、短時間で焼きあげる焼き物」とある。この説明にいう㈡の絵付けである。

何よりも私が大切に思っているのは、駒井が絵付けした皿である。駒井が意図したように発色しているかどうか分からないが、疑いもなく、駒井の個性あふれる図柄をあしらったものであり、この世に二つと同種のものもない、珍しい絵皿である。

もう一つは、湯呑みであり、これには、

次男

青芝に
　雨意の
　　濃淡
くちすゝぐ

と黒で、気取らない、端正な文字で書かれ、その左に七、八本の草が青色で描かれT・Kと署名がある。この草の長短、左右のバランスが絶妙で、駒井のデッサン力の確かさを示している。安東がまだ流火艸堂と名のらなかった時期、彼の初期の句を書いたものであり、その貴重さは駒井の絵皿に次ぐ、わが家の宝物である。

＊

私が安東に感謝していることは、もう一つ、加藤楸邨にひきあわせてくれたことである。句集『山脈』は書肆ユリイカから刊行されているが、その当時、私は楸邨の名は知っていたが、格別の関心をもっていなかった。

私が安東に連れられて大田区北千束の楸邨居、達谷山房をはじめて訪ねたのは、おそらく駒井と知り合った前後であったろう。その後、生涯に五、六回は楸邨居をお訪ねしているが、いつも安東と一緒であった。安東は楸邨の骨董の師らしく、一しきり骨董が話題になり、硯、墨などが話題になった。話の合い間に楸邨が煎茶をいれてくれた。湯は魔法瓶に入った、ありきたりの湯であった。茶葉がごく上等のものであったにちがいないが、楸邨がいれてくれる茶は格別にまろやかで美味であった。知世子夫人も同席なさることが多かったので、夫人が茶を供してくださることもあったが、同じ茶葉、同じ魔法瓶の湯、同じ手順と時間で、いれてくださるのに、楸邨がいれてくださるような美味しさはなかった。

何か微妙なところが違っていたらしい。

　そんな話題が尽きると、やおら楸邨が硯の墨をゆっくりと、いたわるようにすって、半折をひろげた。私はあらかじめ楸邨に句を書いていただくつもりであったから、この句、あの句と何枚かお願いした。

　楸邨も私たちに書けとうながした。安東は自信ありげに若いころの句を何枚も書いた。楸邨は私には「筑波郡」という拙作を書くように注文した。これは一高を卒業する前、水戸から夜明けに上京したさいに車中で構想し、授業時間中、清書した作であった。楸邨はこの詩が気に入り、また、その年齢のころ、ご自分が何をしていたか、など感慨に耽った。およそ大家ぶったり、師匠めいたりするような態度は見えなかった。むしろ安東に教えを乞う、といった姿勢であった。ここでも安東は威張っていた。威張るのは安東の性癖であり、じつは楸邨に並々ならぬ敬意を払っていることは、その威張った口調に潜んでいるのが傍からみても分かった。美しい師弟の関係であった。

　だいぶ後のことだが、一九七六（昭和五二）年に出版した私の詩集『羽虫の飛ぶ風景』が読売文学賞を授賞したことをたいへん喜んでくださった。そして、半折を横に使って、『羽虫の飛ぶ風景』の表題作の第一連四行を書き、「羽虫の飛ぶ風景　中村稔」と二行に添

え、半折の左半分に、
「羽虫飛ぶ　時のつづきの　真桑瓜」
の句を書き「達谷山房」と書いてくださった。有難い限りだが、このような厚意に恵まれた者は、楸邨の直弟子の中でも稀なのではなかろうか。私はこれを額装して客間にかけている。

これとは別に、私がわが家のケヤキにちなんで「欅蔭草房」という号を考えたとき、安東を介して、楸邨にこの扁額の揮毫をお願いしたところ、こころよく承諾し、二枚届けてくださった。一枚を額装し、玄関にかけている。もう一枚は日本近代文学館に寄贈するつもりだが、まだ実行していない。この扁額にはたんに「欅蔭草房」の四文字が書かれているだけではない。末尾に「為中村稔大人」「楸邨書」という「ため書」が添えられている。これも安東をつうじた、私への好意による。

私が安東に恩誼を感じている所以の一である。

*

ところで安東と駒井は『CALENDRIER』にひき続き、詩画集『人それを呼んで反歌という』を一九六六（昭和四一）年九月、エスパース画廊から出版した。『CALENDRIER』も大判だったが、さらに判が大きくなり、限定六〇部、販価一五万円が六〇部の内七部、販価六万円がその余の五三部である。私が贈られたのは第一六番だから、販価六万円の分である。詩集の価格としては高いが、駒井の銅版画が一六点も収められているのだから、ひどく安いともいえる。この詩画集に収められた駒井の作品については『束の間の幻影――銅版画家駒井哲郎の生涯』に記したので、くりかえさない。この詩画集に収められた駒井の作品は代表作と目すべきものが多く、安東の詩は駒井の絵に拮抗していないが、その中でかろうじて拮抗しえていると思われるのは、次の「食卓にて、夏の終りに」である。

露を救うための
籠と
影を救うための
一個のパン
不動のものの周りに
正確に　輪をちぢめる虫たち

こころもち　内側へ向け替えられた
灯のもとで
予言のように　小粒になる果実たち
死んだ者たちを蘇らせるために
殺意なき者たちの殺意が
かえつてリンドウの色を深くする
と　慌しい旅からまだ醒めきらぬ者たち
の欠伸《あくび》が
いつそう　その色を深くする

この詩画集はたがいに尊敬し合った安東次男と駒井哲郎の友情のかたみであることを示すに足る傑作である。

＊

ところで、一九六六年から安東は東京外語大に教授として招聘され、文学を講じることとなった。その二年後、一九六八年一二月、東京外語大学長小川芳男、同大大学教授会連名で、安東に「弾劾・辞職勧告決議」と題する書面が送られてきた。当時の大学紛争が東京外語大にも及び、その渦中に立つこととなった。発端は学生寮の管理を学生の自治に委ねることに対し、文部省が大学が管理運営すべきものとしたのに学生が反対、抗議したことにはじまった。安東が、学生のストライキは続けさせるべきだ、と言った、言わない、といった些細な行動をとらえて、安東を弾劾、辞職を勧告したのであった。私は安東の進退を他人事とは感じていなかったので、その経緯を詳細に『私の昭和史』（完結篇）に記した。安東は辞職を拒否し、定年まで教職に居続けたのだが、すでに記したことなので、くりかえすつもりはない。ただ、安東はつねに反体制的思想・思潮の持主だったから、具体的に学生たちを煽動しないとしても、かなりに学生側に同情的だったことは間違いあるまい。そのころ安東家を訪ねると、いつも一〇人内外の学生がごろごろしていた。多恵子さんはよく面倒をみるものだ、と私は感心したが、私は安東家が学生たちのアジトのようになるのは同意できなかった。どこまで安東は学生たちに肩入れするつもりなのか、私は訝しく思っていた。

最終的には、警官隊の導入によりけりがついた。それまでの学生側の反対は水泡のように潰えた。学生たちには何の気力も残っていなかった。『私の昭和史』執筆当時、私は、問題の発端となった学生寮管理問題はどういう結末になったのか、学生たちをふくめ、関係者たちに問い合わせたが、誰も答えを知らなかった。少なくとも東京外語大の紛争は一過性の流行病のようにして終った。

この結末が安東に与えた傷痕はふかかった。その傷痕がその後の彼の生涯を決定した、と私は考えている。

＊

東京外語大に機動隊が装甲車もろともに導入されたのは一九六九（昭和四四）年一月であった。ごく少数の理解者を別として、安東は孤立無援の中で東京外語大の教職にとどまった。とどまったのは、彼の意地であり、矜持であり、反体制的信条であったろう。しかし、その後、安東は詩を書かなくなった。学生たちのあまりの脆さに失望したのかもしれないが、時代に失望したという方が正確なのではないか。

安東は一九七〇年春から『すばる』に『芭蕉七部集』の評釈を発表しはじめた。一応完結して刊行されたのが一九七三年であり、ひき続き『続・芭蕉七部集評釋』として一九七八年に刊行された芭蕉の歌仙の評釈を、一九七五年から連載した。

弟子・連衆たちの年齢にはじまる境遇、江戸期の庶民の生活・習慣・風俗など、ここまで調べあげなければ歌仙は読解できないのか、と私はしみじみ安東の博識と労力にふかい感銘を覚えた。『芭蕉七部集評釋』のオビに吉田健一さんが次のとおり讃辞を呈している。

「明治以後の日本では芭蕉は長い間一つの名前に過ぎなかった。これは所謂、俳人の間でもそうだった時にこの詩人にその生命を取り戻させてその詩を再び詩たらしめたのが、まさに安東氏の「芭蕉――その詞と心の文学」、それから今回の「芭蕉七部集評釋」だったと見ることが、殊に俳諧の真髄は歌仙にあり、この方面での芭蕉の発明も安東氏はそのありようを尽くしている。氏は一人の大詩人を再び日本のものにした」。

吉田さんはここで本音を語っている。吉田さんはいつも本音しか語らない方であった。そういう意味で、私は吉田さんに同感だが、ここで安東は一九七〇年代の日本の現実から逃避しているのではないか、という感をふかくしていた。

ここで注目すべき事実は、大岡信が「わが師匠・安東次男　梅が香の巻」という文章に、「安東さんのご下命により俄か造りの連衆となって、初めて連句というものを恐る恐る試みたのは、昭和四十五年（一九七〇）秋のことだった。そのきっかけは、安東さんの新著

『与謝蕪村』が出たのを機会に、「出版記念会なんてものはやってもらわなくてよい、代りに、今までやってみたいと思っていたのにその機会がなかったので、この際ぜひ」、という著者自身の要請が川口澄子から伝えられ、連句を巻くことが決まってしまったのである」と書いていることである。つまり、安東は『芭蕉七部集評釋』に着手するにあたり、連句の呼吸といったものを自得するために、自ら歌仙を巻くことを思い立ったのであった。

このごろ、いささか下火になったようにみえるが、詩壇をはじめ、連句が非常に流行したことがあり、連詩というものも試みられるようになった。その発端は安東にあることを彼の名誉のために特記しておきたい。

その後、正続『芭蕉七部集評釋』は絶版にすると宣言し、土台からあらためなければならないといって、『芭蕉七部集評釋』を完全に改稿、『風狂始末』(一九八六年六月)、『続風狂始末』(一九八九年七月)、『風狂余韻』(一九九〇年一二月)を刊行した。その執拗さ、粘り強さは敬服に値する。

ところで、歌仙だが、石川淳・丸谷才一・大岡信・安東四名による『歌仙』が一九八一年、青土社から刊行されている。「新酒の巻」は『図書』一九七四年三月号に発表された連句であり、その他三つの歌仙を収めているが、「新酒の巻」は安東が主人、石川淳が客

人、丸谷才一・大岡信が連衆となって巻いた歌仙だが、まず石川淳が、

鳴る音にまづ心澄む新酒かな

と挨拶の発句を出し、亭主の安東が、

木戸のきしりを馳走する秋

と脇をつけ、大岡が、

月よしと訛うれしき村に入り

と続けた。これは大岡の本来の作、

月ほむる訛うれしき村ぬけて

に安東が手を加えたもののようである。これをうけて丸谷が、

どこの縁にも柳散る朝

とつけている。以下、

島ぐるみ住替る世と便来て　流
引くに引かれぬ邯鄲の足　夷
モンローの傳記下譯五萬圓　才
どさりと落ちる軒の殘雪　信

と続くが、まことに浮世離れした遊戯のようにみえる。もちろん連句というものは連衆が火花を散らすほどに詩心の刃を切り結ぶものかもしれないが、私にはこうした遊びに加わる気持はさらさらもてない。安東は私がこうした試みに関心がないことを知っていたから、

決して誘わなかったにちがいない。

＊

ところで、これほどに親しかった丸谷才一に謹呈と献呈の辞を筆書した丸谷宛の安東の著書十数冊が古書店の目録に載ったのを見て驚いたことがある。驚いて丸谷に訊ねたところ、たまたま丸谷が構想していた『藤原定家』か『後鳥羽院』か、そういった類の古典評釈を安東も計画していたため、安東が怒って電話してきた、丸谷としては怒られる筋はないから安東と絶交することとし、贈られていた安東の著書は全部古書店に売り払ったということであった。怒る安東もどうかと思うが、絶交することとした丸谷もエキセントリックである。

私はそれ以上に両者に事情を確かめていない。ただ、安東は次々に親しい友人を失っていったのだと思い、ひたすら悲しい。

私の記憶では、一九九七、八年ころのことであった。

＊

一方、安東は、詩は書かなくなったが、句作を再開し、『流』（一九九六年刊）で日本詩歌文学館の詩歌文学館賞俳句部門の賞を受けた。これにはオビを中野孝次が書いている。かつての麻雀仲間でずいぶん親しかったはずだが、安東の葬儀にも顔を見せなかった。安東は中野からも絶交されていたのかもしれない。この句集中の

春寒や棄民にとほき夕ごころ
この国を捨てばやとおもふ更衣

などは余人には真似できない作だと私は信じている。

じつは『流』は彼の初期以来の選句集であり、まとまった句集の最後は一九九五（平成七）年刊の『花筧後』である。

晩節も守拙もなくて暮れかぬる
初夢を余生のごとく見てゐたり

の如きは目立った佳句である。

＊

安東の最晩年はいたいたしかった。居間で話していても、玄関まで歩くのが覚束なかった。肺気腫だったと承知している。玉川病院をはじめ転々とすることを余儀なくさせる医療制度のため、高熱を発しているさなかに転院することもあった。多恵子さんは、彼女自身が病身だったのに、よく看護した。安東は多恵子さんにみとられて二〇〇二（平成一四）年四月九日死去した。

安東は狷介孤独な風格があった。よく威張ったが、私は軽くうけながしていた。むしろ安東が私に接する態度は兄が弟に対するようないたわりとやさしさに満ちていた。彼の個性は強烈だったが、同時に、繊細であった。私は彼の詩を愛し、句を愛し、威張り好きの稚気を愛した。

いま、彼を想うと懐しさがひしひしとこみあげてくる。

武田百合子

武田百合子にいつ、どこではじめて会つたのか憶えていない。本人に会うより前、一九四六（昭和二二）年一二月刊の『世代』に掲載された八木柊一郎の処女作「放心の手帖」に描かれている理恵という女性が好きだつたから、そのころから武田百合子と昵懇だつたような気がしていた。「放心の手帖」に次のような一節がある。

「善良な人間にならうとするか、それともそれに手を出さうとしないかと云ふことにルナアルも随分迷つてゐたらしい。どうやら、僕はほつたらかすらしい。

「人に親切されると、いやね。」と理恵さんが云ふ。

「意地悪されゝば、もつといやだね。」

僕がそう云ふと

「ふふふ……」

理恵さんはおかしそうにわらつてしまふ。それで会話はおしまひになるのだ」。

また、こんな断章もある。

「僕の心理はかなり女性的に出来てゐる。けれど男なのでそこに一つの不幸が生れる。

理恵さんはより女性的だけれどもその不幸はなく、僕のもう一つの不幸、親切が嫌ひだと云ふ不幸が女なので僕より大きい。

善良な人間には気にすることが難しい。こまかい善良さを理恵さんはいろいろ知つてゐる。そしてそのすべてに絶望して、いきなりこんな風に云ふ。

「あたし、十年経つと、観音様になる。」

ふだん、来年の事を考へるのが本当におかしくてできない、と云つてゐた理恵さんのことだから、十年経つとと云ふのはまあ死んでからと云ふやうな意味なのだらう。

僕も言葉の対照上、何かになると云はなくてはいけないと思つたが「キリストになる」などとは云へなかつた」。

別の断章を引用する。

「珍らしく理恵さんが花を買つてゐる。硝子越しに僕は理恵さんが花の間を往き来してゐるのを見てゐる。けれど本当は、硝子に写つた自分の顔ばかり見つめてゐる。

ガアベラの花を持つて出てきた理恵さんは僕にそれをくれた。

「あんまり好きな花ぢやない。」と云はない代りに、「ありがたう」と僕は云はないで花を受けとつた。

帰り路の鉄橋の上からガアベラを捨てようとするのを、僕はからだいつぱいでこらへてくる。

翌日、僕のその努力を理恵さんに云ふと理恵さんはこう云ふのだ。

「捨てゝもよかつたのに。でも、ごみために捨てゝくれなきあいゝな、と思つてゐたわ。」

ガアベラは萎れるまで僕の机の上にあつた」。

次のような断章もある。

「「いゝ人つて、遠くから見てゐるといゝけど、つきあつてみると、大抵つまらない……」

と理恵さんが云ふ。

僕は鴉を想ひ出す。

「鴉、好きだつて理恵さん、云つたけど、本当に好きなの？」

僕は誰でも鴉なんて鳥は嫌ひだと思つてゐたのだ。

「好きだわ。でもね、嫌ひよ、てちよつと云つてみたくなるやうな、そんな風な気持よ。」

嫌ひよ、か。僕はにがい顔をした」。

次は別の断章である。

「「善良になるにはどうすればいゝの?」

理恵さんが云ふ、

「それはね、何でもないこまかいことなんだよ、黙つてしまはないこと、自分のことをしやべり過ぎないやうにすること、率直な言葉を避けること、たまに冗談やお世辞を云ふやうにつとめること、困つてゐるのや、やつとやらなくちやならないことに気づいたときには、すぐそれを実行すること。

けれどね、一番大事なことは思ひやり深くすること、これができない人だ。理解すると云ふことは違ふ、その瞬間瞬間の気持がわからなくてはいけないんだから。」

「ある程度僕にだつてできる、けれどすぐいやになつてしまふんだ。自分でないやうな気がして来て。」

「気がついたらやればいゝのね。」

「うん、さう、だけど、気がつくと云ふことにも程度があるからね。」

「あたしとゐると困りはしない？」

「困らない、練習になるんだよ、すこし我慢してゐれば。」」。

「放心の手帖」の末尾は次のとおりである。

「僕はいつまでも淋しそうな顔をしてゐるだらう。

それは一番確かなことだ。

そして理恵さんは、いつまでも十年経つとをくりかへしてゐるだらう。

それも一番確かなことだ。

どちらかゞ二番目だとしたら、もうすこし僕たちは幸福になれるんだらうに」。

「放心の手帖」が掲載された当時、八木柊一郎は旧制山形高校に在学中であった。だから作者も「理恵さん」も一八、九歳だったはずである。一読して私は作者の才筆に瞠目した憶えがあるが、こうして読みかえしてみると、あらためて、この作品の魅力は理恵さんという女性の人格にあることに気付いた。生来無垢、気取りも見栄もなく、率直で飾り気なく、さりとて卑下しているわけでもない。

せっかくの好意であげたガーベラが気に入らないなら、どこに捨ててもいいけれど、ごみためだけには捨ててほしくない、と言い、鴉は好きだけれども、反面嫌いだと言ってみたい気持がないわけではない、といった心象は一見素朴にみえるが、陰影に富んでいる。若い女性あるいは女性ないし人間の心の襞を描きだすような発言をしている。彼女は天性の文学者なのである。

武田百合子、結婚前の鈴木百合子は八木柊一郎の恋人として、私たち『世代』の仲間たちの前に現れたのであった。もちろん、百合子が「放心の手帖」の「理恵」のモデルであることはすぐ知らされたし、彼女が口を開けば、理恵が彼女をモデルにして造型されたことは、誰の目にも判然としたことであった。「放心の手帖」が掲載された『世代』第四号は目黒書店から発行される商業誌であった。遠藤麟一朗を編集長とし、いいだももがとりしきっていた編集部も目黒書店内にあった。その時期、私はいいだ、遠藤らと個人的には親しかったが、『世代』という雑誌をうさんくさく思っていたため、『世代』編集部とはかなり距離をおいていたので、編集部を訪ねたのも二、三回しかなかったはずである。ちなみに私が『世代』とふかい関係をもつようになったのは、目黒書店が倒産して、『世代』は休刊、私の最初の詩集『無言歌』が一九五〇年に刊行されたのを機として、ガリ版刷りでもいいから『世代』を復刊しようという日高普らの発案で、同人誌化して復刊して以降である。ただ、休刊している間も、後に同人誌化した『世代』に集まった仲間たちは、随時、さまざまに場所を変えて、会合だけは続けていた。武田百合子はそうした会合に出席したことはほとんどないし、『世代』に寄稿したこともない。しかし、八木柊一郎は終始同人であった。彼の出世作となった「債権者会議」は同人誌化して復刊した後の一九五二年七月刊の『世代』第一六号に掲載されている。なお、吉行淳之介の「原色の街」は一九五一年一二月刊の第一四号に掲載されている。会合に出席しなくても私たちは百合子を『世代』の仲間と思っていた。私が詩集『羽虫の飛ぶ風景』で読売文学賞を、百合子が『富士日記』で田村俊子賞を受賞したとき『世代』の仲間は私たち二人のために合同祝賀会を催してくれた。

＊

やがて、百合子が泰淳に口説かれている、と教えられた。教えてくれたのは矢牧一宏かいいだだと思うが、どちらかははっきりしない。『武田百合子全作品』に弟の鈴木修が作成した年譜が収められている。百合子の没後、「武田百合子を偲ぶ会」を催したときは、鈴木修と私とが世話人だったと思うが、そのころまでは私は修と頻繁に往来があった。久しく消息を聞かない。外面《そとづら》はいつも威勢がよかったが、心遣いがこまやかで、姉思いであった。年譜の昭和二一年の項に次のとおり記されている。

「鈴木家は不在地主のため没落、札金温泉や横浜の土地を売り、長兄宅に寄食していたためその日の糧に困る状況ではなかったが、これ以後、百合子は出版社や作家の秘書などの仕事を転々とする。化粧品やチョコレートの行商。長姉・豊子が夫の死後二児を育てるため鈴木家菩提寺妙蓮寺の境内で始めた露店の食物屋を手伝ったりもする。この頃、〝世代の会〟同人に参加するが、寄稿はしなかった。

この頃、神田の出版社昭森社に勤務、森谷社長の経営する階下の喫茶店兼酒場ランボオにも勤め、武田泰淳と知り合う」。

『世代』には同人費を納めるような規約はなかった。一度でも会合に出席すれば同人と認められたから、「世代の会」同人に参加したといっても間違いはない。ただし、鈴木修は寄稿しているはずである。

右の年譜には、「この頃」むやみとさまざまな仕事に携わっていたようだが、私が知っているのはチョコレートの行商だけである。この経緯もじかに百合子から聞いているので、見たわけではない。百合子から聞かされたのであった。私が耳にしたように書いた方がよほど興趣がふかいのだが、本人が『遊覧日記』に記しているので引用することとする。

「ぶどう糖を進駐軍のハーシーココアでまぶした玉チョコレートの行商をしているとき、得意先に神田神保町冨山房裏のRという酒房があった。玉チョコを卸し、一週間後、売れた数だけ代金をうけとり、補充する。代金をうけとって、まわりを見わたすと、客のほとんどが、透きとおった、または少し白濁した液体の入ったコップを握りしめて、愉快そうにしている。今度は椅子に腰かけて客となり、玉チョコ代金で、みんなと同じもの（カストリ焼酎）を注文した。カストリは五臓六腑にしみわたって、指の先まで力を漲らせてくれた。闇のカツ丼よりも天丼よりも確実に、迅速に、お腹をいっぱいにしてくれた。毎週くり返すうちに、いっそ、この店で働くのが一番手っとり早いのではないか、と気がつき、女給仕となった。まもなく家を出て店の二階に住みついた」。

鈴木修は出版社昭森社に勤務したように年譜に記しているけれども、森谷の出版業が軌道にのったのは一九五四年、黒田三郎が最初の詩集『ひとりの人に』を出版、たぶん自費出版したころからであって、そのころになると伊達得夫の書肆ユリイカその他机一つのいくつかの小出版社が木造二階建てのいわゆる昭森社ビルに雑居するようになった。また、鈴木修は「らんぼお」を喫茶店兼酒場と書いているが、百合子が書いているとおり、酒房ないし酒場であって、喫茶店をかねているわけではなかった。和製バルザックといわれた森谷均は容貌魁偉、したたかな商売人だったが、憎めない人柄であった。出版業を軌道にのせるには用紙が必要だが、まだ統制下だったはずである。戦前から森谷はこの木造二階建てのビルの賃借権をもっていたのであろう。出版業が休眠状態だったので、一階に「らんぼお」を開業、食いつないでいたのではないか。伊達が昭森社ビルの二階に机一つの事務所を構えたころ、どうして構えることができたかは別に書くことにして、奥に森谷がやはり机一つで仕事をしていた。百合子は「店の二階に住みついた」と書いているけれども、住みつくことができたのは、まだ昭森社の出版業が休眠状態だったからである。後年、森谷は『本の手帖』という雑誌を発行したが、毎号、表紙にかなり著名な画家の素描か水彩画を使っていた。画家に謝礼を払うわけではない。ただで描いてもらって、刊行後、用済みになると、森谷の飲み代になるか、雑誌の赤字を埋めるのに役立ったのであった、あるいはこれは『本の手帖』ではなかったかもしれないが、いずれにしても、森谷はしたたかであり、それでいて森谷から頼まれると、嫌とはいえないような、妙に惹きつけられる人柄の良さをもっていた。

そこで百合子の文章に戻ると、彼女の口から聞くほどの興趣はないとはいえ、余剰をすべて切り捨て、必要、充分な事実の叙述しかしていない名文だという感をふかくする。この文章の終りに「女給仕となった」という耳馴れない表現がある。女給ともウェイトレスとも、ましてホステスともいわない。女給仕とは百合子独特の表現である。岩波『国語辞典』(第七版新版)には「女給」とは「カフェー・バー・キャバレーなどで、客を接待する女の給仕」とあり「接待」とは「客をもてなすこと」とある。百合子はもてなすつもりはない。たんに女の給仕にすぎないから、女給仕と表現したにちがいない。

百合子は天性の文学者だったから、言葉について独特の感覚をもっていた。あるとき、「わたし、風景という言葉は嫌いよ、景色という方がいいな」と彼女が言うのを聞いたことがある。足許の草地にツキミソウが咲き、眼前に富士山が聳えているのを見て、百合子が「いい風景ね」などと言うのは似つかわしくない。露地の家々の屋根が傾いていて、家陰に猫が一匹、アサガオが蔓を伸ばして点々と花をつけていて、露地の向こうは夕映えがしている。そんなところに出会って、百合子は「いい景色ね」というのではないか。私自身は「羽虫の飛ぶ風景」という詩を書き、詩集を刊行している。

私が見過しているかもしれないが、武田百合子は「日常」という言葉も嫌いなようにみえる。そのかわり、「ふだん」という言葉はふんだんに使っている。私は『詩・日常のさいはての領域』という題の著書を刊行しているが、彼女はおそらくこうした観念的な言葉を好まないのである。不断着という言葉があるが、彼女の文章もふだんの言葉で成り立っている。物自体、現実自体をじかに表現する言葉が好きなのである。それは彼女の人生そのものが文学をなしているからだというように私には思われる。その分だけ私は文学的資質に欠けているようである。

「らんぼお」に戻ると、私はほとんど酒を嗜まないので、「らんぼお」に出入りしたことはない。だから、「らんぼお」で百合子に会ったこともありえないのだが、話に聞くと、「らんぼお」は『近代文学』の同人たちがいつもたむろする場所になっていたそうである。埴谷雄高、荒正人、武田泰淳、佐々木基一といった、戦後文学を主導したような人々がいつも談笑していたという。そうした人々を百合子が「給仕」している間に、武田泰淳が百合子にのぼせあがった、と聞いている。私は武田泰淳を尊敬していたから、これはおめでたい話だ、と感じた。八木柊一郎は気の毒だが、ちょっと太刀打ちできないな、と思った。武田泰淳は戦後文学の代表作をすでにいくつか発表していたし、八木はまだ「債権者会議」さえ書いていなかった。

＊

私の亡母は武田百合子の作品の愛読者であった。私の書いたものを読んでいた気配はないし、私も期待していなかったが、『富士日記』を読んで以来、百合子の文章を目にすると必ず読んでいた。そのことを百合子に話すと、彼女はひどく喜んだ。母は数通の葉書、封書を百合子から頂載した。亡母が大切にしていた彼女の書簡をいまは妹が保管しているので、この文章を書くため妹から借りだしてきたところ、次のような葉書があった。

「今年は残暑きびしく過しにくい日が続きましたが、お元気でいらっしゃいましたでしょうか。

別便にて佃煮お送り申上げました。実は娘の仕事（写真）について中村稔様に原稿を書いて頂きました。御多忙中にもかゝわらず、おひきうけ下さり、私ども二人は御厚意を大へんありがたいことに思っております。心ばかりの品、御礼にお送りしたく、昨日、デパートにまいりました。そして、あて名を書いているうちに、中村稔様をお生みになられた方にも差上げたくなり、同じ品、少々お送りすることにいたしました。お口に合うとよろしいのですが。お元気で」。

年時がはっきりしないので、私がどういう文章の依頼をうけ、それを承諾したのか憶えていない。ただ、私は武田花さんの写真を高く評価している。人間性があふれ、あたたかで、それこそ景色の切り口が鮮やかである。これまで何冊かの写真集を刊行、どういうわけか、私には贈ってくれないが、花さんは私の娘に贈ってくださる。私の娘も花さんの写真が好きだということをご承知だからだが、どの写真集もご両親からうけついだ血脈がたしかに読みとれる作品ばかりなので、心に沁みる。

この文面自体も可笑しいし、ことに「中村稔様をお生みになられた方」というのが可笑しい。ただ、私と武田百合子との交際は、彼女から「様」づけでよばれるようなものではなかった。彼女は一九二五年九月生まれだから、私より一学年上級である。私はいいだもも・日高普・伊達得夫・安東次男など、私より年長の友人たちも「さん」づけしないで、呼びすてにするような交際の仕方をしてきたので、この文章も百合子と敬称を付すことなく書いてきたが、じっさいのところは、私たちの仲間内で彼女を言うときは「百合子」と呼びすてにし、面と向かえば「百合子さん」と言い「あなた」と言うことが多かったのである。

次の書簡は彼女の作品を読むのにひとしい感興がある。

「お元気でお過しでしょうか。娘が作りました本をお送り申上げます。娘はこんなことをやり、私はときどき作文を書いたりして、二人で暮しております。ごくたまに二人で組んで仕事をすることもあります。

一昨年の秋の終りに佐渡ヶ島紀行の仕事を二人でしたことがありました。旅費、宿泊費、飲食費すべて雑誌社持ちという、いいお話なので、天皇陛下にでもなった気持で喜び勇んで出かけましたところ、「昨日まで暖かった」「昨日の風で紅葉が散った」「佐渡おけさショーは昨日まで」などなど、行く先々で昨日まではよかったが、今日きたってダメ、といわれてばかりで、ついに帰る日の朝には、娘は宿屋のソクちゃんという名前の犬に手を嚙まれました。ソクという名前はソクラテスの略だときいたとき、狂犬病の懸念も忘れて大笑いしましたが、娘の手は二ヶ月近くはれがひかず、紫色のボール状になって写真機がもてませんでした。佐渡は何にもないところだ、そこが何だかいいというようなことを書きつゞけ、佐渡を少しもほめてない私の文章は、町おこし村おこしに張り切っている佐渡の観光関係の人たちをがっかりさせ、不愉快にさせたらしく、それ以来、その雑誌社からは、いいお話がこなくなってしまいました。この写真集の写真も、娘にとりましては自分の好きな場所をうつした写真なのですが、佐野や桐生や足利の地元の人たちは、この本を見たらきっとがっかりするのではないかと思っています。

御無沙汰の御挨拶代りにお送り申し上げます。

御笑覧下さい。

お元気で」。

「天皇陛下にでもなった気持で」も独自、率直、個性的だが、花さんを噛んだ犬の名前ソクがソクラテスに由来すると読んだところでは思わず失笑した。花さんの写真集は東武伊勢崎線沿線の町々で見かけた景色を撮影した『眠そうな町』だと思うが、食堂や質屋の看板は見えても、人間の生活がまったく見えてこない、無機的な景色ばかりである。町々は衰退に向かっている。そういう町々の人々の憐れさが画面の奥に潜んでいる。そういう意味で、一人の人間も写真に現れないが、写真の背後には憐れな人々に注ぐあたたかな眼が隠れている。そういうと、花さんは、そんなことは考えていない、というかもしれないが、私はそう考えている。

＊

武田百合子の晩年に近いころ、新宿の「風紋」で会ったことがある。矢牧一宏を偲ぶ梟忌の集まりだったはずである。矢牧は夜行性だったので、ミネルヴァの梟にちなんで祥月命日を梟忌と名づけて、友人・知己が毎年集まっていた。矢牧については別に書くつもりだが、そんな機会でもなければ私が百合子と会うことはなかった。彼女は体調が思わしくないらしく、ビールもほとんど飲んでいなかった。

梟忌に集まった人たちと離れた、隅の席に百合子が一人ポツンと腰かけて、浮かない顔付をしていた。私は近づいていって、彼女と向かい合って腰を下ろした。

「どうしたの、ばかに沈んでいるんじゃないの」

と話しかけると、彼女は、

「わたし、もう駄目よ、何も書けない」

と答えた。

「そんなことは気にすることはない。武田百合子は天才なんだから、見たり、聞いたり、ふだんの生活をそのまま書きさえすればいいんだ」

と私は励ました。これは私の本当の気持であった。百合子は天性の文学者である、と私は信じていた。風景を描く文学者ではない。人間の生活している景色を描く文学者であった。日常の瑣末から人間を生き生きと描きだす名手であった。『富士日記』にしても風景は描かれていない。泰淳夫妻、大岡昇平夫妻をはじめ、人間たちが容赦なく観察され、厳しく描いていることから、興趣が生じている。すでに引用した佐渡行の書簡でも、ソクラテスから愛犬にソクと名づける人間がいる。そのソクに噛まれて二カ月も写真機を持てない娘がいる。そういう人間たちに対する関心を失ったのかもしれない。そんなことを私は感じた。衣食住、何でも彼女の身辺にかかわることを書きさえすればいいのだ、そう私は考えていたし、そう話したのだが、終始彼女はうち沈んでいた。彼女の訃報に接したのは、その後、間もなくだったように憶えている。

そういえば、一九八二年一一月、矢牧一宏は食道静脈瘤破裂により死去したが、一年後彼の遺稿追悼文集『脱毛の秋』が刊行され、その記念に片瀬のいいだもも邸に日高普、太田一郎、都留晃、内藤三津子、粕谷一希、私にまじって武田百合子も集まったのだが、各自がその遺稿追悼文集の裏表紙に寄書きした。

このごろは、いつも一期
一会の気持です　　武田百合子

と書いている。そのさい、百合子は短冊に私の母のために

「犬が星見た」

と書いてくれた。『犬が星見た　ロシア紀行』は一九七九年に刊行され、読売文学賞を受けた作品である。

それにしても「いつも一期一会の気持です」とは、たぶん晩年にさしかかった彼女の心境ではない。彼女はその生涯を一期一会という気持で暮らしていたのではないか。だからこそ、周辺の人々も景色も、くっきりと彼女の眼に映ったのではないか。そういう眼に映ったものを気兼ねすることなく、そのまま表現する、稀有の才能をもっていたのではないか。あるいは晩年、そうした張りつめた気持が苦しく、つらくなったのかもしれない。

＊

武田百合子の没後、彼女を偲ぶ集まりがあった。鈴木修と私が世話人であった。埴谷雄高さんがご出席の予定だったが、急病か何かの都合で欠席なさった。埴谷さんのご指名で私は埴谷さんの挨拶を代読した。これは、百合子の人柄を愛した人だけが語れるような、心をうつ、すぐれた挨拶であった。代読しながら、私は涙がこぼれそうに感じた。

この偲ぶ会の案内状は、もちろん八木柊一郎にも発送していた。鈴木修は、八木さんがまだ来ない、まだ来ない、と気をもんでいた。ついに八木は現れなかった。修は八木と百合子が親しくつきあっていた当時をよく知っている。私の知らない二人の当時の関係も詳しく知っていたようである。修は、八木は当然出席すると信じていた。しかし、二〇歳前の青春前期にいつまでもかかずらっていることはできない。百合子についても同じだったのではないか。偲ぶ会に顔を見せたとして、八木は、どの面《つら》さげて、という言葉があるが、どういう表情をうかべていたらよいか。私は八木が出席しなかったことを当然と思い、つゆほども責めるつもりはない。

だが、百合子を思いだすと、「放心の手帖」の当時の八木の若々しく才気走った面影が思いうかんでくるのを抑えがたい。青春の体験とは、恋愛関係の渦中にあった当人にとっては、その回想はにがにがしくつらいものだが、傍観者にとっては、いかなる傷を負っているわけでもないから、ひたすら懐しいということなのだろう。

日高　普

『高村光太郎全集』（増補版・筑摩書房刊）第二一巻所収の一九四七（昭和二二）年二月二二日付椛澤ふみ子宛高村光太郎書簡に、当時太田村山口の山小屋に独居自炊していた彼が花巻に遊んで四泊し、「滞在中風呂に入り、幾ヶ月かの垢を洗ひ落し実にサッパリしました」と記したのに続けて、「映画も見ました。「うたかたの恋」といふ変な日本名のフランス物でしたが、久しぶりにボワイエやダリューのフランス語をきき、なつかしく思ひました。言葉の妙味は尽きません」と書いていることに気付き、日高普《ひろし》とはじめて会った日の会話を思いだし、日高の容赦ない批評精神と高潔な人格を思いだし、しばらく感慨に耽った。

日高は一九二三年に生まれ、二〇〇六年一〇月一六日に他界した。私が日高普という名

を知ったのは、私が一九四四年四月、一高に入学し、国文学会の明寮一六番室に起居することになったとき、壁に黒々と

モナドは窓を開かねばならぬ

入営の日に　日高　普

と墨書してあるのを見たときであった。私はモナドが何を意味するか、を知らなかった。その後、同室の三年生であった飯田桃、後のいいだもも、から日高についてさまざまに聞かされることとなった。敗戦当時、日高は清瀬の結核療養所に入所していた。飯田は入院中の日高をしばしば見舞っていたらしい。ある日、その日高が寮に現れた。ぼくが日高、きみが中村か、と言われた。単刀直入、すぐ会話の核心に入る、その姿勢に私はいささかたじろいだ。

最近観た映画で何か面白い映画はあったか、と聞かれた。私は『うたかたの恋』と答えた。どうして、どこが、といった質問が次々に日高の口をついて出た。決して詰問するといった口調ではなかった。何故面白いのか、理由をはっきり知りたいという好奇心から訊

ねているようであった。しかし、会話が一段落すると、私は、シャルル・ボワイエ、ダニエル・ダリュー主演の悲恋映画がたんなるメロドラマにすぎないことを納得させられていた。

高村光太郎も『うたかたの恋』が通俗的なメロドラマであることは分かっていたにちがいない。彼は映画で話されているフランス語から懐旧の念にそそられたにすぎなかった。私は日高とはこんな容赦ない人であることを知った。しかし、怖いとは思わなかった。彼の態度は後輩に対するいたわりとやさしさにあふれていた。

＊

日高は私より三学年、年長である。浦和中学の四年から五年へ進級するとき、どういう事情があったのか訊ねたことがないが、正則中学に転校、五年修了時、一九四一年四月に一高に入学した。当初馬術部に属し、馬術部の部屋で生活していたが、やがて国文学会に移った。翌一九四二年四月、新入生、飯田桃が馬術部に入部した。日高は国文学会に移ってからも馬術部の部屋に始終遊びにいっていたので、飯田を知ることとなった。日高は飯田を誘って、飯田を国文学会に移らせた。

二人とも貴族趣味で馬術部に入ったのに、落馬ばかりしていたので、国文学会に移ったんじゃないか、と揶揄したことがある。私が記憶する限り、日高の答えはこうであった。一高馬術部は馬をもっていなかったし、練習する馬場もなかった。そこで、陸軍の騎兵隊へ出向いて、軍隊の訓練が終った後、馬を貸してもらうのだが、大半の時間、秣《まぐさ》の始末をはじめ、馬小屋の掃除を命じられたから、ほとんど乗馬の練習をする時間はなかった。だから、落馬する暇もなかった。それでも、日高や飯田と違って馬術部に残っていた方々が多数なのだから、真偽は疑わしい。それにしても、日高が国文学会に移り、飯田を国文学会に勧誘しなかったならば、私の運命は大きく変っていたはずである。一高在学中はもちろん、その後もしばらく飯田は私の文学上の師というべき存在だったし、年を経るにしたがい、私の日高に対する敬意がつよくなり、その晩年には人生の師と仰ぐような存在となったのであった。

飯田は当時は『護国会雑誌』と題していた文芸部雑誌に小説を投稿して掲載され、『向陵時報』にも詩を発表するなど、驚くほど早熟な文学少年ないし文学青年だったが、日高は一九四三年四月一三日刊の『向陵時報』に「時間への思索」と題する哲学論文を発表するほど哲学青年であった。中期の西田幾多郎や田辺元に惹かれていたと聞いたことがある。

哲学といえば、日高の父君日高政太氏は一九〇三（明治三六）年一高仏法科の卒業生だが、日高の幼いころ、浴室で風呂につかりながら、「普《ひろし》、ニイチェという人は」といった話を日高に聞かせて育てられたと聞いている。だが、日高も飯田も好奇心が旺盛だから、共通の話題や関心に事欠くことはなかったにちがいない。なお、日高の父君は三井鉱山にお勤めになった方であって、哲学を業となさったわけではない。ただし、日高普の普は、普通選挙法が施行される前、その方向に進みつつある政治情勢をふまえて名づけられたのだそうである。

＊

ここで回想がとぎれるのは、その後もしばらく日高が結核療養所から出所できなかったためであり、また、大学進学後、私が一年ほど水戸の父の勤務先の家で生活し、ほとんど東京に出てこなかったためであろう。

その間、飯田桃・中野徹雄が中心となり、遠藤麟一朗を編集長として、『世代』が創刊された。全国大学高専文化部の総力を結集することを目的とした『世代』は目黒書店から刊行された商業誌であった。一高出身者や一高在校の学生が主であったが、間もなく吉行淳之介・小川徹・八木柊一郎らも加わり、安倍能成・竹山道雄・中村光夫氏らの応援を得ていた。一九四六年七月一日に創刊号を発行した『世代』は第六号で一旦休刊し、一九四七年九月に復刊して第七号を発行、一九四八年二月二〇日発行の第一〇号まで断続的に刊行され、私自身は、この時期の『世代』に積極的に関係していなかったが、それでもほとんど毎号詩、小説などを発表している。日高が『世代』にはじめて発表したのは一九四七年一二月刊の第九号掲載の「資本論に於ける端緒の問題」、翌一九四八年二月刊の第一〇号掲載の「資本論に於ける商品分析」であった。

日高は大学は哲学科に進学した。進学当時はまだ西田幾多郎、田辺元に関心をもっていたのだが、すぐにマルクス『資本論』に関心が移ったようである。

その後『世代』は、一九五〇年の暮か一九五一年の初め、ガリ版で復刊、第一一号を刊行した。この『世代』第一一号に掲載された「精神の風通しのために」は日高の代表的な社会評論となった。これについては後に詳細をふれることとし、このとき以降は、『世代』は同人誌であった。ただし、誰も同人費を払わなかった。会合に来る者は誰もが同人とみなされた。この時期の中心は日高であった。しいていえば日高と小川徹であった。橋本一明・平井啓之・菅野昭正・栗田勇・村松剛・清岡卓行・工藤幸雄らがその後の『世代』に執筆している。飯田は茨城県の結核療養所に入っていた。実務を担当したのは都留晃であった。一九五一年一二月刊の第一四号から突然活版印刷になった。誰もが費用を負担していないのだから、魔術のような話である。あるいは、用紙は米川丹佳子夫人が手配してくださったのかもしれない。ロシア文学者米川正夫先生のつれあいである米川夫人とは日高が療養所で知り合っていたし、橋本一明・都留晃それに私をふくめ、『世代』の同人の多くが知遇を得てしげしげと米川家に出入りしていたし、米川夫人から紙問屋に知人がおいでだと私は何回かお聞きした憶えがある。ただ、この推測が正しいかどうかは確かではない。また用紙の他、印刷代・製本代等の費用もかかったはずである。生前、都留に訊ねたことがあるが、彼の記憶もはっきりしていない。ただし、都留の要求に応じ、弁護士となって後、私が若干出費したことはある。当時の借金の後始末だったらしい。

一九五一（昭和二六）年三月刊の第一二号に日高は「20世紀の芸術家　ジュリアン・デュヴィヴィエ」を、同年七月刊の第一三号に「再び平和のおそろしさについて」を、同年一二月刊の第一四号に「「ものの見方」について」を、一九五二年三月刊の第一五号に「平和運動の一つの問題」を、同年七月刊の第一六号に「いわゆる逆コースとは何か」を、一九五三年二月刊の第一七号に「朝鮮人問題のために」を、いずれも浜田新一の筆名で発表している。ちなみに、浜田はそのころプロ野球のセネタースの内野手で軽妙なプレーで識者の注目を浴びていた選手の姓を採り、新一は松竹所属の哀愁を帯びた名バイ・プレイヤー日守新一から採ったと聞いている。日高は大向こうを唸らせるような、いいかえれば、大上段に意見を振りかざすような、社会評論、文芸評論を発表することを好まなかった。むしろ、軽妙で諧謔に富み、渋い光を放つような、そんな文章を発表することを心がけていたのだと思われる。

彼がはじめて発表した評論「精神の風通しのために」に次の一節がある。

「一九三四年マニュファクチュア論争たけなわの折、服部之総は自説を確証するため、秋田県に資料調査に出かけた。服部の意見によれば、天保年間秋田藩における木綿の生産は、厳密なるマニュファクチュアの段階に達していることを、秋田県の現実が実証するはずであった。はたして調査の結果、やはり服部説の正しさは証明された。だが次いで、土屋喬雄が同じく秋田県に資料調査に出かけた。土屋の意見によれば、天保年間秋田藩における木綿の生産は、厳密なるマニュファクチュアの段階に達していないことを、秋田県の現実が実証するはずであった。はたして土屋説の正しさは証明されたのである。僕はこの両氏の研究に尊敬の念を禁じ得ないものであるが、それにしてもこの事実は、何かしら現実とゆうものの、馬鹿〳〵ばかしいまでに非現実的な構造を示しているように思われてならない。現実の経験から結論を生みだそうとする帰納法に対してぼくが不信なる所以である」。

マニュファクチュアは機械制大工業が成立する産業革命以前の工場制手工業といわれ、明治維新をブルジョワ革命とみるかどうかにより、講座派と労農派といわれる学者間の論争があった。その関係でブルジョワ革命の前期のマニュファクチュアが存在したかどうかが講座派の服部之総と労農派の土屋喬雄の間で争われたのであった。

日高はこの評論において「現実とは――非ユウクリッド的である」と論を進め、次のエピソードでこの評論をしめくくっている。

「もう大分前になるが、僕が兵隊にでゝ高射砲をいじくっていた頃、僕の兵舎には、中隊長訓示、大隊長訓示、等々を書いた紙が額に入れて並べてかけられてあった。その内、一見しただけで僕を感動させた一つの訓示をこゝに記すことを、僕はこの上ない光栄だと思っている。

部隊長殿訓示

一、敵機が来たら何が何でもおとせ

二、もし弾丸がなくなったら、石をぶっつけてでもおとせ
三、もし石がなくなったら、にらみつけてでもおとせ

B二十九の大群が押しよせてくる。指揮台にリン然と立ったかの部隊長が、ハッタハッタとそれをにらみつける。とたんにB二十九はメラメラと炎上して落ちてくる。あゝ考えただけでも血潮湧きかえるその現場を、見る機会を持たなかったことは何とゆう僕の痛恨事か。しかも必ずやそれが行われたであろうことは、いさゝかも疑いをいれる余地なきところである。疑う者にわざわいあれ。事実その部隊長は、貧弱にして容貌醜怪なる小男であったが、彼の夫人はすばらしい美人であった。そして兵隊たちのうわさによれば、きっと奴はにらみつけて落したにちがいないとのことであったが、これは僕の確信と全く一致するのである」。

この文章の末尾は読者におもねった日高のサービス精神のあらわれである。この文章に限らず、日高は相手を面白がらせることが好きでもあり、話上手であった。私はウィリアム・アイリッシュの『幻の女』を読むより前に日高から話を聞いたそのときの方が、じっさい読んだときよりもよほど面白かった憶えがある。日高の生涯は話上手の中からおもねりをそぎおとして彼の話を純化していくことであった。

ここで日高の軍隊生活にふれると、この文章で理解されるとおり、彼は高射砲部隊に配属された。高射砲は敵機の位置と巡航速度と高射砲基地との間の距離を速やかに計算し、高射砲の角度、発射時刻を決定しなければならない。それには計算能力がすぐれていなければならない。日高の部隊で彼ほど計算が速い者がいなかった。そのために高射砲部隊に配属されたのであった。

彼の上官は澤田誠一さんという方であった。後に更科源蔵さんの後継者として北海道文学の指導的立場に立ち、たとえば北海道文学館設立の推進者の一人であった。澤田さんは日高の学識に感銘をうけ、信服したようである。十数年前、私が北海道文学館を訪ねたさい、澤田さんにお会いしたが、日高に対し並々ならぬ敬意を払っておいでになる様子であった。こういう上官に恵まれれば、日常はずいぶん暮らしやすかったにちがいない。

日高の高射砲部隊は隅田川の近くの陣地に駐在した時期も長かったようだが、やがて海外に派遣されることとなり、千葉県のどこかに移動した。どこかを聞いたかもしれないが記憶していない。たしか数日の休暇を与えられて浦和の自宅に帰宅し、その後部隊に戻って、翌日出発という前夜四〇度の高熱を発し、出発を免れ、清瀬の結核療養所に入所した。出発した部隊は朝鮮かどこかに向かう海上、アメリカ海軍の潜水艦の攻撃をうけて沈没、部隊全員が戦死した。日高はまさに九死に一生を得たわけであった。

＊

一九五二年に日高は野崎年子さんと結婚した。年子さんは結婚前何回か『世代』の会合に出席したことがあるが、どうして二人が知り合うこととなったのか、私は聞いたことがあるはずだが、憶えていない。私の手許に「日高普の結婚式を祝して」、『世代』の仲間たちが集まったときの写真がある。吉行淳之介・清岡卓行・小川徹・矢牧一宏・八木柊一郎・菅野昭正・村松剛・米川哲夫・米川良夫・都留晃・森本和夫等々相当多数の集合写真である。中央に日高夫妻が立っている。男性は私だけ背広で、他は皆ワイシャツか開襟シャツで、どういうわけか日高だけがサスペンダーをしている。本田喜恵・岡富久子ら女性たちも一〇人ほど加わっている。

日高夫妻が新婚旅行に北海道を旅行したのは、たぶんこの写真より前だったと思われる。札幌では、軍隊時代の上官だった澤田誠一さんの林檎園で世話になり、美幌では都留の親友だった的場清さんの実家に、根室では都留の実家に世話になる、といった、旅費を別にすれば、無銭旅行に近かった。日高は蟹をせせるのが好きでもあり、そのせいであろうが、上手でもあった。この北海道旅行では蟹を堪能したようである。狩勝峠からの風景が絶景だと話していたので、一度訪ねてみたいと思っていたが、ついにその機会がなかった。

日高夫妻が無銭旅行に近い北海道旅行をしたのはもちろん貧乏だったからである。田端駅の東側、尾久駅に近い家の二階、たしか四畳半一間の間借りであった。日高は哲学科を卒業しながら、『資本論』研究に関心が移っていた。いつ大内力教授に師事することになったのか知らないが、かりに東大在学中から師事していたとしても、マルクス主義経済学全盛だった当時でも、経済学の教職を得ることは不可能だったろう。おそらく、高校の社会科の非常勤講師のような職についていたのではないか。その当時、日高が「新聞などとる必要はない、駅に貼ってあるのを見ればいいから」と言うのを聞いたことを憶えている。たしかに当時は駅の歩廊に新聞が貼ってあった。そのころの新聞は二頁か四頁かそこらしかなかった。それにしても新聞を定期購読できないほど貧しかったのだが、そうした生活を苦にする様子はまったくなかった。

その後、何年か経ってから、法政大学経済学部で助手の公募があった。日高は公募に応じ、論文の審査をうけたりした上で、採用され、はじめて定職を得た。誰の推薦をうけたわけでもなく、誰の口ききがあったわけでもなかった。その前後に、浦和の日高邸のはずれの一間に転居した。この部屋は一〇畳ほどで、田端の借間に比べるとひろかったが、その時点では長男の立君が生まれていたはずである。別世帯であっても、年子さんは日高の両親、姉君と同居することになった。炊事場も浴室なども舅、姑、小姑と共通だったはずだから、年子さんが気をつかうことも多かったにちがいない。日高の両親等が年子さんに嫁いじめをしたと聞いたことはない。しかし、育った文化が違うのだから、日高の両親等がいかに人柄、気質がよく、思いやりがあっても、摩擦は避けられなかったと想像している。しかし、田端の四畳半以上の借間、借家をする経済的余裕はなかった。

日高に「中村稔とのこと」と題する文章がある。『ユリイカ』二〇〇四年一〇月号の「中村稔特集」に寄せてくれた回想だが、文中、次の一節がある。「ぼくは大学の助手に就職したころ」とあるから、就職して浦和の実家に戻って間もないころのことである。

「社会科学の勉強をしている関係で、機会があったら法律学の入口ぐらいのところまでは勉強したいと思っていた。あるとき中村が、ぼくに教えてくれるというのだ。そこでぼくは、かれに指定された我妻編の民法の判例集をもって毎日曜の午前中、中村の家に通って講義をうけた。一年は続かなかったと思うから半年ぐらいか。漠然としたものにしろ法律についてのイメージを描くことができ、たまには資本主義と法律との関係について何とかものをいったりすることができるのは、まったく中村のおかげである。

といってぼくたちは学問ばかりやっていたわけではない。ショーロホフの『静かなドン』はぼくが先に読んで中村にすすめ、『チボー家の人々』は中村がぼくにすすめてくれた。横溝正史の『本陣殺人事件』も『蝶々殺人事件』も、大塚久雄の『株式会社発生史論』も、何となく二人で平行して読んでいたように思えるのが、ぼくのあやふやな記憶である」。


半年くらいしか続かなかったのはたぶん、私が日高に講義したとはいえ、日高から次々と質問され、私の理解の曖昧さをつかれ、私がたじたじと答えに苦労するのがつねであったので、私がしだいに気のりしなくなったためであった。

読書についていえば、横溝正史は日高が先にちがいない。彼はミステリーも本格派好きである。たとえば後年、彼は塔晶夫『虚無への供物』を発行当初から推奨し、終始愛読していた。一方、私は、『虚無への供物』をいまだ読み通したことがない。

逆に『株式会社発生史論』はたぶん私が先である。右の文章で、私が日高に我妻栄『近代法における債権の優越的地位』を読むことを勧めた、と日高は記しているが、『株式会社発生史論』は『近代法における債権の優越的地位』とともに学生時代からの私の愛読書だったからである。

この勉強会は私の結婚前、生家の離れで起居していた時代のことである。

*

その後半世紀の間の交友をつうじ、私は多くを日高から学んだ。日高は宇野弘蔵教授の門下であり、宇野理論の衣鉢をつぐ屈指の理論家だと聞いているが、その方面の著書は贈られているが読んでいないし、彼の業績を語る資格はない。逸話を二つ紹介することくらいしか、彼の専門分野については記すことができない。一つは岩波全書版の『経済学』増補版である。これはかろうじて私が読了、マルクス主義経済学のおおよそを知った、彼の専門分野の著書中の唯一のものだが、その程度に、明晰、論理的な、平明な文章で書かれている。この岩波全書『経済学』の戦前版は大内兵衛教授の著書であった。日高は戦後の学問の進展をおりこんで訂正加除を大内兵衛教授から依頼され、手を加えた。その結果、この戦後版は、日高の著書として刊行するよう、大内先生がお勧めになり、そうなったものという。

また、日高はあるとき東大から招かれたが、辞退した、という。日高にとっては東大教授という肩書のもつ社会的名誉はまったく意に介するところではなかった。

*

日高について是非記しておきたいことは、彼が浦和の婦人たちのために開催していた歴史教室である。一九七〇年代の初め、年子夫人とその友人数人のために日高家ではじまったが、しだいに増えて、三〇人ほどになり、東京電力の浦和支店の一室や公民館など、場所は変ったが日高が他界した二〇〇六年の七月まで月二回、午前一〇時から二時間、規則正しく続いたという。聴講代は無料であった。最初は山川出版社刊『詳説日本史』、次いで同社刊『詳説世界史』、その後は中央公論新社刊『日本の歴史』『世界の歴史』シリーズから大内力『ファシズムへの道』、桑原武夫『フランス革命とナポレオン』等々を手がかりに縦横無尽、日高の学識と創見によって、たとえば日本史を一回読み終えるのに五年以上もかかるというほど、懇切な講義だったそうである。日高は話上手だし、無料なのだから、そのために借りた部屋に入りきれないほど聴講希望者があり、転居などのため抜ける人があって空きが出るのを待つ人々が絶えなかったという。この講義は日高自身も愉しみ、講義をすることによって彼自身の知識を整理し、秩序立てていたし、そういうことに感興を覚えていたにちがいない。それにしても、ほぼ四〇年、無償で、多くは知り合いでもない婦人たちを相手に講義を続ける、奇特なサービス精神と好奇心、向上心こそ、日高普の人格であった。

*

日高は博覧強記、書評の名手であった。『日高普著作集・精神の風通しのために』(二〇一一年七月青土社刊)には思想、宗教、哲学、歴史、文学、文明、言語、映画、演劇、美術、音楽、サル、ヒト、数学、といったじつに広汎な分野の著書について、的確な内容紹介と公平で犀利な多くの書評を収めている。

また、彼はすぐれた文芸評論、社会評論を発表しているが、最初期の「精神の風通しのために」を紹介したので、晩年、一九九七年『This is 読売』に発表した「五月の丘の共産主義」を紹介したい。

「肺結核を病んだ兵隊として、ぼくは終戦を迎えた。東京の陸軍病院でのことだ」といって彼は「昔の話」を語る。尊敬する親しい友人がたびたび訪ねてくれた。その友人がマルクス主義に惹きつけられ、彼を啓蒙しようとした。彼は啓蒙されることがいやでなかったので、話を聞いた。「私有財産の廃止ということを口にしたことがあったので、そのときはきかなかったがいろいろ考えてみた。まず私有財産とは何か。身の回りを見渡してみて」病室、ベッド等やすべて病院から支給されたものばかりで、私有財産といえば、ふんどし以外にないことが分かった、と記し、こう続く。

「早速、次にその友人が来たとき、私有財産の廃止によってぼくのふんどしがぼくから失われるのかどうかを聞いた。かれは軽く、そんなものは誰も取りはしないよといったのだが、それなら私有財産には二種類あって廃止されるものとされないものがあるのかとぼくはくいさがった。かれはしばらく考えていたが、その点は調べておくといって再会を約した。

さて再会のときだ。かれは社会主義と共産主義のちがいを持ち出した。革命後はしばらくは社会主義社会だから私有財産は廃止できない。しかし生産力が発達して共産主義社会になれば私有財産は廃止される。つまりふんどしなどというものはいくらでも生産できるから、人は必要に応じてふんどしを手に入れることができるようになる。簡単に手に入るのだから誰も君のふんどしを取ろうというようなやつはいないし、かりに誰かに取られたとしても新品を手に入ればいいのだから君は少しも困らない。

この説は、予期しないものであっただけにぼくには大変魅力的であった。ふんどしが無限にある。（中略）われわれは必要なときにふんどしを持ってくればいいのであって、誰もそれを奪おうとするものはいないはずだ。それがふんどしだけでなくすべての必要な品々に実現されているとすれば、何とすばらしい夢であり、何とすばらしい社会であろう。

病院の庭の一隅に、患者たちがふんどしを干す場所があった。そこにはいつも十数枚のふんどし（すべて越中）が干してあって、風に揺れていた。それがぼくの観念で拡大された。共産主義を教えられたときのぼくのイメージは、なだらかな丘の上に長々と干しひもが張ってあり、数えきれないほどのたくさんのふんどしがひらひらと風にたなびいている風景であった。そのとき五月であったせいか、その風はさわやかであり、快いものであった。忘れがたい思い出である」。

この文章が発表された一九九七年より八年前の一九八九年一一月、ベルリンの壁が崩壊している。同年の東欧革命により、ソ連の衛星国であった東ヨーロッパ諸国に市場経済、議会主義が導入されて社会主義が廃止され、一九九一年にはソ連が崩壊、ゴルバチョフ大統領が辞任している。つまり、この文章で日高は、ソ連型社会主義の崩壊後、戦争直後の私たちの世代が社会主義ないし共産主義に抱いていた夢想、憧憬を、面白可笑しく、しかし、じつは苦々しく回想したのであった。

日高は『資本論』の原理論の研究者であり、まったく社会主義革命の実践的活動には無縁であった。しかし『資本論』の研究者として、日高がマルクスの思想につよく惹かれていたことは疑いない。日高は法政大学の教職を退くにさいし、「遠景のマルクス」と題する最終講義をした。その講義の原稿に最少限補筆訂正した文章が前記著作集に収められている。この文章で彼はこう書いている。

「マルクスの『資本論』には二つの面があります。一つはいまのべた資本主義の原理を明らかにした面であり、もう一つは資本主義の終末の必然性を論証し、革命運動が勝ちいくさであることを根拠づけようとする面です。かれの唯物史観によれば歴史の動力は生産力の発達にあります。資本主義における生産力の発達は資本構成の高度化、つまり資本のうち物件費の人件費にたいする増大にあらわれます。マルクスはそこから二つの法則を導き出しました。一つは利潤率低下の法則で、もう一つは労働者の窮乏化法則です。二つとも理論的にいってはっきりまちがっており、無残に失敗したと考えられますが、前者の説明は省略して後者を説明します」。

説明の部分は省略する。要は労働者階級が窮乏化すれば労働者階級は革命的にならざるをえない、と考えたことにマルクスの間違いがあったと言っているようである。

そして、この最終講義の前の「マルクスの夢の行方」では、イギリスやスウェーデンに典型的にみられる社会福祉政策によって、「労働者が労働者であるために貧窮によって精神と健康がむしばまれることは、まったくなくなったとはいえないにしても、大量現象としてはなくなった」のであり、「マルクスの夢は、表では社会主義体制を生み、裏では資本主義福祉社会を生んだ」と言い、「先進資本主義の福祉社会化を可能にしたものは、生産力の発展であった」「およそ考えられる社会体制のうちで、資本主義ほど生産力の発展に適合的なものはないのではないか。その代わり資本主義は、資源問題や環境問題の解決にはきわめて不適合なように思われる」と日高は言い、さらに次のように書いている。

「仮に第三世界の人々が現在の貧困から抜け出し、すべてが一人当たり現在のアメリカ人並みの、いやそれより少し低いが現在の日本人並みの大量消費、大量廃棄の生活をすればどうなるか。現在の東京のごみ問題でさえ困っているのに、中国人とインド人の二〇億が同じ生活に参加すれば、たちまち地球がもたなくなってしまうことは目にみえている」。

「原発反対論者がうさんくさいのは、原発をやめたあとどうするかという問題に彼らが正しく答えていないからだ」。

「第三世界の膨大な人口がそこまで追いついてもなおかつ資源や環境を守れるような水準、そこまで下げてはいない現在の過剰富裕化にわれわれは負い目を感ずる必要があろう。そこまで下げるというとき、商品経済と計画経済とどちらが適しているであろうか。

ひょっとするとここに、マルクスの夢の出番があるかもしれない。とはいえそれは、生産力を根本にすえ、生活の上昇を目指したマルクスの夢の方向と正反対を向いているものではあるが。

現代社会主義の崩壊にもかかわらず、いや崩壊したがゆえに、マルクスの夢はさまざまな人の心にさまざまな程度にさまざまな姿、場合によってはまったく相反するような姿をとってさえ生き続けるのではあるまいか」。

これが『資本論』の研究に生涯をかけた日高の夢であるか。マルクスの出番があるかどうか、私には分からないが、高齢化社会の進行にともない、社会福祉費用の負担に将来もたえられるのか、非正規労働者が労働者総数の二分の一を占めている現在、こうした傾向、つまり、中産階級の没落と下層階級の窮乏化が年々烈しくなっている現状からみて、わが国の資本主義がどこへ行くかは私の関心である。

＊

二〇〇六年一〇月、私は大腸癌の手術のため自治医大大宮医療センターに入院していた。私はまったく心配していなかったが、二期の末から三期の初め、といった状態で癌腫瘍が発見されたので、決して安心できる状況ではなかったそうである。退院の数日前、日高年子夫人から電話があり、日高が危篤ということであった。だいぶ以前から日高は肺気腫を病んでいた。歩行も困難になり、この年七月の最後の歴史講義には車椅子で出かけたという。その程度には元気だったのだが、病状が急速に悪化したらしい。年子さんから葬儀のさい、私に弔辞を捧げてほしいと依頼された。冒頭に記したとおり、日高は一〇月一六日に死去した。私は翌一七日に退院、二〇日に行われた葬儀に出席し、弔辞を捧げた。彼は私の知る限りもっとも高潔な人格の持主であり、じつに多くを教えられた師ともいうべき人物であった。彼と話し合い、教えられる機会は永久に失われたのだという悲しみを葬儀にさいし私はかみしめていた。

＊

その後、私は「日高普のための挽歌」として次の「初冬感傷」と題する詩を書いた。読みかえしてみると、日高に対する私の哀傷は、この文章よりも、この詩に尽きているように思われる。

ハギがぼくの胸元をさえぎるように枝をのばし
足許にホトトギスが可憐な花々をひらく日、
――そんな日にきみは死んだ。

青春は精神の高揚する季節だ。
それでいて野心や倨傲に満ちた不潔な季節だ。
そんな季節にさしかかったころ、ぼくはきみに出会った。
それからほぼ六十年、
ぼくはきみの公平無私な眼にさらされながら生きてきた。
きみはひたすら自分を純化するようにきたえ続けた。
それがぼくにとってどれほど貴重な歳月であったことか！

きみは眠っていた。
妻からも離れ、血族からも離れ、
定められた場所へきみは歩んでいた。
ふと、意識をとりもどしたとき、まわりを見渡して、
きみは、ありがとう、と言った。
そして、しばらくして、呼吸を止めた。
定められた場所への道程に道連れはなかった。
死ぬときはいつもひとりだ。

それから四日後、ぼくはきみを火葬場へ送った。
帰宅すると、ツワブキが数輪、
初冬の風に揺れていた。
――儚さや人は夢みるツワの花
亡妻のために安東次男が手向けてくれた句を思いだした。

いま、ぼくを静寂がつつんでいる。
定められた場所へ急ぎ足でゆく跫音だけが
ぼくの耳底に残って、日一日、冬がふかまるのだ。

後記

私は『ユリイカ』二〇一六年一月号から「私が出会った人々」と題し、「故旧哀傷」と副題して、故人となった知己・友人を偲ぶ文章を連載している。これらの連載の中から十二章を選び、本書に収めることとした。選択はまず青土社出版部が行ったが、意見を求められて、私が特に愛着のふかい二、三章を入れかえした。したがって、選択の終局的責任は私にある。

この連載で私は社会的に有名無名を問わず、私にとって懐しい人々、追悼の思いの切な人々を採りあげた。これらの人々なくして私の人格形成はありえなかったと考える方々と私のかかわりを記したものである。採りあげた人々を故人に限ったのは、生存中の方々について記すと、何かと差し障りが生じることをおそれたためである。

本書にはさしあたり十二章を収めたが、私の人格形成にふかいかかわりをもった人々はその他にも数多い。それらの人々についても、『ユリイカ』に連載中である。もし本書の続篇が刊行され、それらの方々についての回想をお読みくださる日があることを私は期待している。

なお、例により染谷仁子さんに校閲をお願いして多くの誤りを正し、また、青土社清水一人社長の好意と担当の篠原一平さんの努力により本書を刊行できたことについて、お三方にお礼を申し上げたい。

二〇一七年九月一日

中村　稔

故旧哀傷　私が出会った人々

2017年10月15日　第1刷印刷
2017年10月25日　第1刷発行

著者――中村 稔

発行人――清水一人
発行所――青土社
東京都千代田区神田神保町1-29　市瀬ビル　〒101-0051
電話　03-3291-9831（編集）、03-3294-7829（営業）
振替　00190-7-192955

印刷・製本――ディグ

装幀――菊地信義

ISBN978-4-7917-7019-9　Printed in Japan